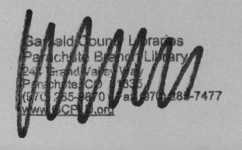

Cómo ser padres en la era digital

VIVIRMEJOR

BILL RATNER

Cómo ser padres en la era digital

El verdadero efecto de los medios sobre los niños y qué puede hacerse al respecto

Traducción de KENYA BELLO

VERGARA

BARCELONA · MÉXICO · BOGOTÁ · BUENOS AIRES · CARACAS
MADRID · MIAMI · MONTEVIDEO · SANTIAGO DE CHILE

Título original: *Parenting For The Digital Age*
Tradución de Kenya BELLO

Cómo ser padre en la era digital,
El verdadero efecto de los medios sobre los niños
y qué puede hacerse al respecto
Primera edición en español, mayo de 2015

D.R. © 2014, Bill RATNER
  Original English language edition published by FAMILIUS,
  1254 Commerce Way, Sanger, CA 93657 USA.
  All rights reserved.
D.R. © 2015, EDICIONES B México por la traducción
D.R. © 2015, EDICIONES B México, S.A. de C.V.
  Bradley 52, Anzures DF-11590, MÉXICO

ISBN: 978-607-480-809-4

Impreso en México | *Printed in Mexico*

Contenido

PARTE II
SOLUCIONES

Agradecimientos

Tengo una enorme deuda de gratitud con la directora de la escuela primaria Allesandro, en Los Ángeles, Lynn Andrews, quien durante más de 20 años me ha acogido en su escuela, donde surgieron muchas ideas sobre los niños, la tecnología y los medios, al igual que con su talentoso equipo de maestros, incluyendo a Willi Matsamura y Carolyn Naylor.

Estoy agradecido con Michele Robbins, de *Familius*, quien sugirió la idea de este libro, y con la cuentacuentos Susan O'Halloran, que nos ofreció el espacio para desarrollarlo. También con mi tío Gerry, quien ha transmitido las historias que atesora nuestra familia.

Gracias a mis queridos amigos Fred Silverman, Roberta Alexandra, Sea Glassman, Mila Da Rosa, Sean Carter, Adele Robbins; a las entrevistas con Larry Brooks, Anna Marie Piersimoni, Marc Brooks, Nina Brooks, Peter Weich, Bridget Weich, Stefan Weich, Sonja Weich, Sara Waters, Mary McDonald-Lewis, Chris Anthony-Lansdowne; a mis maestros Aaron Henne, Erin Jourdan, Emily Rapp, David Ulin, Jill Essbaum, Chuck Evered, Kate Anger, y a mi editor, Brooke Jorden, por toda su ayuda. Gracias a Richard Herman, Roy y Maggie Nevitt, del campamento Windsor Mountain International, y a mis compañeros cuentacuentos de La Polilla Cuentacuentos, por alimentar mis historias.

Gracias a mi esposa, Aleka, y a mis hijas, Arianna y Miranda, por su amor, creatividad y paciencia. Y finalmente, a mis padres y a mi hermano Pete, por su tiempo, su amor, y sabiduría, sin los cuales nada de esto hubiera sido posible.

Prólogo

Conocí al autor, Bill Ratner, un día soleado de verano en la campiña de New Hampshire, cuando él llegó, con su esposa e hijas a visitar el campamento para niños que fundé en 1961 —el Interlocken International, ahora llamado Windsor Mountain International—. A sus 4 meses, Arianna, la hija de Bill, era demasiado pequeña para ser campista. Los niños de nuestro campamento tenían entre 9 y 13 años. Pero Bill y su familia habían venido para averiguar qué hacíamos en las profundidades del bosque con más de 200 niños y adultos provenientes de todo el mundo. Estaban ahí para aprender, explorar y divertirse juntos.

Las enseñanzas que Bill trajo al campamento ese verano nos llevaron a una ruta que seguimos hasta la fecha. Bill es cuentacuentos, por lo que he aprovechado cualquier oportunidad para que trabaje en el campamento contando historias en la reunión matutina, en nuestras clases de teatro y en la noche alrededor de la fogata. Contar historias es verdaderamente divertido, también es la manera en que la humanidad ha transmitido el saber colectivo de generación en generación. Las historias son el marco a través del cual vemos al mundo. Y Bill es un gran cuentacuentos. Sus hijas se volvieron campistas, regresaron año tras año y, a medida que su reputación creció, los habitantes de los pueblos vecinos llegaban a Interlocken las tardes de festival sólo para escuchar la gran cantidad de historias que Bill contaba alrededor de la hoguera centelleante.

Nos referíamos a la vida dentro del campamento como la "vida en la burbuja", a la atmósfera amable, organizada, creativa y de apoyo que constituía la vida en Interlocken. Lo que no formaba parte de la burbuja eran las conductas y las tecnologías que distraían a los campistas de nuestras metas diarias: aprender cosas nuevas, hacer amigos nuevos y florecer en un ambiente seguro y semisilvestre. Con la aparición del PlayStation, Nintendo, Xbox, los teléfonos inteligentes y las tabletas, sufrimos cada verano la embestida de la tecnología que llegaba con los chicos. Aunque teníamos reglas: no juegos electrónicos, no celulares. En caso de emergencia, naturalmente, los niños podían hablar con sus padres; aunque con los años nos dimos cuenta de que los celulares y las consolas de videojuegos no sólo eran una distracción innecesaria para los chicos, sino un obstáculo para que experimentaran plenamente la vida rica y creativa del campamento.

Así que, de la manera más amable posible, luego de advertir a las familias con anticipación, guardábamos los celulares y los juegos electrónicos de los niños durante toda su estancia en el campamento. ¿Había resistencia? Claro. Los niños están acostumbrados a responder cada texto y a jugar todos los juegos de su aparato. ¿Desapareció su resistencia? Sí. A los minutos de haber llegado, los niños estaban haciendo cosas propias de su edad: conocer nuevos amigos, lanzar un platillo volador, cantar canciones, ir a nadar, y adaptarse a una vida libre de tecnología.

Este libro es una herramienta esencial para todo padre y para toda persona a cargo de niños. Cuenta la historia de cómo y por qué la tecnología digital se ha metido tanto en nuestras vidas, de qué manera su abuso afecta a los niños y cómo hay que controlarla. Este libro está lleno de relatos divertidos y fascinantes. Bill proviene de una familia del mundo publicitario y trabajó en la industria del entretenimiento de Hollywood la mayor parte de su vida adulta, así que tiene una mirada muy aguda sobre la forma en que quienes hacen la publicidad para niños consiguen que las familias compren lo que no necesitan y pasen frente a las pantallas un tiempo que podrían usar de manera más productiva.

Me siento honrado de poder llamar amigo a Bill. Seguimos viéndonos para conversar por largo rato y para caminar por los bosques del noreste. ¿Podemos regresar a la belleza y la inocencia de la vida rural de Nueva Inglaterra? Probablemente no, pero podemos empezar a conversar con nuestros niños y a construir el marco de una atmósfera prudentemente controlada en nuestras casas, donde la tecnología digital pueda servir de apoyo para un ambiente educativo y creativo, en lugar de invadirlo. Este libro es la clave para empezar a andar por ese camino afortunado.

RICHARD HERMAN
Fundador y director emérito
de Windsor Mountain International

Introducción

Las familias tienen un problema. Los niños tienen muchas pantallas ante sí: televisiones, teléfonos, tabletas, computadoras, videograbadoras digitales y consolas de juego. Y pasan mucho tiempo viéndolas. Al igual que una horda de invasores, los que hacen las pantallas, los juegos y la programación para niños han invadido la Tierra y codician nuestras carteras. Con los niños a rastras, nos dirigimos a los montes con la esperanza de ponerlos a salvo. Pero como si fuera una película de ciencia ficción, los invasores han colocado *pods, pads,* teléfonos y monitores en nuestras casas, mientras vemos con recelo que nuestros hijos deslizan las manos sobre sus nuevos teléfonos "inteligentes" y sus televisiones "inteligentes", aprendiendo más rápido que nosotros a manejarlos. Y ahí se quedan, bien preparados para una infancia en el sillón. ¿Cuál es el problema? Hay muchas opiniones y estudios, pero el jurado sigue sin determinar si la generación actual de niños, que viven su existencia "conectados", será mejor o peor que la de sus predecesores no digitales.

Mi padre, Joe Ratner, era publicista, y sabía que esto iba a pasar. Era un padre inteligente y generoso, además de un buen narrador. Me enseñó cuál era la naturaleza de los medios electrónicos. Se aseguró de que yo tuviera conciencia desde pequeño del poder hipnótico y las funciones primarias del entretenimiento comercial para niños: mantenerte viendo la pantalla y venderte cosas. Para mi padre el negocio del entretenimiento electrónico para niños era un juego distorsionador, basado en estrategias de venta bien planificadas dirigidas a los pequeños. Me enseñó las reglas y estableció los límites.

El libro está dividido en dos secciones: I, los retos; y II, las soluciones. Es una mezcla entre memorias personales y guía para padres. En la primera sección, me remonto hasta la época en que los medios para niños estaban en su etapa formativa, poniendo atención a cómo se llegó a nuestra situación actual desde aquella. Exploro mi propia infancia, pues crecí en una familia de publicistas. Investigo por qué la vida de los niños de ahora está saturada de opciones de entretenimiento y de qué forma, quienes diseñan los aparatos digitales y el entretenimiento electrónico para los niños los mantienen pegados a las pantallas. La segunda sección ofrece soluciones del mundo real a la crisis que está menoscabando la calidad de vida de nuestros niños y desperdiciando lo más valioso que tienen: tiempo.

Uso dispositivos digitales todos los días. Soy la voz de miles de anuncios de películas, programas de televisión, caricaturas, juegos de computadora y comerciales. Obtuve mi primer trabajo en la industria mediática cuando tenía 14 años, guardaba pósters promocionales dentro de tubos de cartón en el sótano de nuestro vecino. En la preparatoria me las arreglé para trabajar de recadero en la agencia de publicidad Campbell-Mithun, en Minneapolis. Cuando era niño, tuve el privilegio de mirar por encima del hombro de mi padre y contemplarlo dibujar campañas publicitarias en su calidad de director editorial de la revista *Better Homes & Gardens*, luego como director creativo para la agencia de publicidad Campbell-Mithun, y finalmente como vicepresidente ejecutivo de mercadotecnia en General Mills, Inc.

"Esto es publicidad, hijo. Así es como logramos que los productos desaparezcan de los estantes". Ésta fue una de las muchas afirmaciones sobre los medios que mi padre me compartió durante mi infancia. Tuve suerte de que se haya interesado por la manera en que yo percibía la publicidad y el entretenimiento electrónico. No sólo me ayudó a llegar a donde estoy ahora, también me ayudó a crear un diálogo abierto con mis hijas, sobre lo que encuentran en línea y en la televisión, cómo interactúan con las redes sociales, los juegos de computadora y la cantidad de aparatos que tienen al alcance. En casa, en colaboración con nuestras hijas, mi esposa y yo controlamos el ambiente multipantallas.

Tengo dos responsabilidades importantes: soy profesional del entretenimiento y padre. Mi experiencia en el mundo de los medios infantiles y en sus variadas formas de difusión me ha hecho un padre mejor y más consciente. No soy un soplón. Sencillamente tengo historias que contar. Y al compartir mis experiencias trabajando en medios electrónicos y de crianza en la era digital, me propongo ayudarles a usted y a su familia a entender mejor el mundo "interconectado" y a saber cómo manejarlo, en lugar de que él lo maneje a usted, así como a darle consejos sobre la forma en que puede establecer límites sobre los hábitos de contemplación y juego en las redes sociales y la navegación en Internet de sus hijos. Una parte de mí quiere citar la calcomanía que está en el parachoques de las patrullas: "Sólo di no" (o como dice la comediante Emily Levine, "Sólo di no, gracias"). Pero para las familias éste es un tema bastante más complejo.

La buena noticia es que los padres tienen un amplio rango de opciones, estrategias y tácticas a su alcance para moderar los efectos del exceso de aparatos y medios sobre sus niños. Una cuestión aún más importante es que hablaré sobre la forma en la que puede tener un diálogo directo y abierto con sus hijos, que es vital para su desarrollo como seres humanos responsables, felices, empáticos y productivos. Recomiendo a las familias hablar abiertamente entre sí sobre los problemas asociados con la excesiva cantidad de horas que se pasan frente a las pantallas. Hablar con los hijos siempre es mejor que el silencio. Me referiré a cómo establecer límites y hacer que los respeten. Encontrará entrevistas con algunas familias y sus hijos, al tiempo que descubrirá cómo sobrevivieron a la embestida digital.

Los padres también le están hablando directamente sobre estos temas al mercado mediático. En Estados Unidos hay una larga historia de asociaciones de padres que pusieron en práctica diversas estrategias para proteger a sus hijos de los medios. Los padres pueden ser una voz pública poderosa y efectiva que repercuta no sólo en la legislación, sino también en la conducta de los medios corporativos. Es increíble lo que un poco de organización puede lograr. A las compañías mediáticas les interesan sus preocupaciones, y lo escucharán cuando esté preocupado.

Este libro surgió en un taller que tomé con la cuentacuentos Susan O'Halloran, de Chicago, llamado Enseñar sin sermonear, durante el festival de cuentacuentos Timpanogos, en Provo, Utah; donde folcloristas, bibliotecarios, maestros, padres, estudiantes, cuentacuentos y amantes de los relatos se reúnen anualmente durante un fin de semana de tres días para estudiar y escuchar a cuentacuentos profesionales de todo el mundo. Susan O'Halloran nos dijo en su taller:

> Cada uno va a crear algo que venga directo de su corazón, un proyecto en el que crean. Puede ser una idea para una clase que vayan a dar o un libro para lectores jóvenes. Sea lo que sea, será únicamente suyo. Con ayuda de su pareja de taller, lo van a crear aquí, ahora.

Me quedé viendo a la mesa. ¿Qué iba a crear? Por un momento pensé que lo más ingenioso que se me ocurriría sería un plan para la limpieza de primavera de mi oficina en Los Ángeles. Pero no tendría mucho de qué hablar con mi pareja de taller, Michele Robbins, excepto de las ventajas relativas de la escoba ante la aspiradora. Supuse que Michele era estudiante de posgrado. Resultó ser una editora de mediana edad y madre de nueve niños. ¿Quién habría pensado que la maternidad puede hacerte lucir tan joven? A lo largo del taller de Susan O'Halloran, Michele y yo le dimos vuelta a varias ideas. Debido a que trabajo en los medios, pensé que lo más lógico para mí sería crear algo relacionado con ellos. Mi cabeza retrocedió al momento en que reflexioné que trabajo en televisión como actor que da voz a las caricaturas, y caí en cuenta: era parte del problema. La voz que doy a los personajes que interpreto en la televisión infantil es un anzuelo fundamental, que se usa para que los niños vean… y compren. Así que pasé la mañana analizando y corrigiendo el programa voluntario que ahora actúo en las escuelas: *Escándalos caricaturescos: conciencia mediática para niños.*

En los capítulos siguientes hablo de mis experiencias como padre, niño de los medios y educador, así como veterano del mundo de la televisión y de los nuevos medios. Espero que estas historias y sugerencias le ayuden a entender cómo llegamos hasta donde estamos; por qué y cómo los creadores de programas infantiles, páginas de Internet, *software* y diversos aparatos actúan como lo hacen, y cómo puede estar mejor preparado para ser padre en la era digital.

PARTE I

 Retos

El mundo de hoy está lleno de retos para las familias. Los niños están viendo programas de televisión adaptados y anuncios sin censura en sus diferentes dispositivos digitales, con pantallas grandes o pequeñas. Navegan en sitios de Internet de todo tipo y se divierten con una gama infinita de juegos de computadora. Un poderoso anzuelo para los padres es poner un teléfono inteligente, aparentemente inocente, en manos de un niño pequeño. Su hijo parece totalmente absorto y usted puede descansar. Tan fácil, tan liberador... ¿Cuál es el problema? Nadie lo sabe con exactitud.

Los psicólogos y los educadores sostienen que las conductas aprendidas que humanizan a un niño y le permiten negociar en nuestro mundo complejo podrían estar siendo atrofiadas al pasar mucho tiempo ante las pantallas desde una edad temprana. ¿Esto le preocupa? ¿De dónde vino toda esta tecnología? ¿Los creadores de estos dispositivos están tratando de llegar a su hijo?

En este libro intento resolver las preguntas anteriores. Para que podamos entender el mundo de la tecnología digital de nuestros días, necesitamos retroceder en el tiempo, a una época en que la tecnología era menos compleja, aunque ciertamente no menos inocente. Mediante la comprensión de los inicios de los medios de comunicación y la tecnología para niños, busco proporcionarle una estrategia simple para que pueda tener la vida familiar que desea.

La televisión
se descompuso, papá

1

Tan silencioso como pude, descendí a hurtadillas las escaleras del sótano, ubiqué el escondite en la pared y bajé el interruptor.

—La televisión se descompuso, papá —dijo Arianna, mi hija de 4 años, con una vocecita triste, mientras estaba parada en medio de la sala frente al equipo de televisión.

—Ay, no, ¿en serio? —exclamé mientras salía del sótano. Respondí en el tono paternal más tranquilizador que pude, al tiempo que mi niña apretaba frenéticamente el botón de encendido y apagado de la televisión en nuestra sala.

—¿Realmente está descompuesta? —preguntó mi esposa, con un alivio apenas perceptible.

—No está descompuesta —murmuré.

—¿No está descompuesta? —repitió mi pequeña, jaloneando su tutú de bailarina.

—Eh, está… —tartamudeé—. Cariño, lo siento, pero al parecer la tele está descompuesta. Papá tratará de arreglarla, pero si no puede, vamos a tener que llamar al reparador de televisiones.

—Y eso podría tardar semanas —dijo mi esposa, regresando a la cocina con una sonrisa discreta en los labios.

Mi esposa estaba enterada de mi secreto tortuoso. Había participado en su planificación, aunque se estaba volviendo cada vez más difícil para mí no enredarme en la mentira que había inventado por el bien de mis hijas. Una mentira que implicó contratar a un electricista para que alterara la instalación eléctrica de nuestra casa, de modo que pudiéramos crear apagones misteriosos del centro de entretenimiento de nuestra sala con ayuda de un interruptor escondido en el sótano.

En un intento desesperado por detener la pérdida despiadada de tiempo que mi hija de 4 años había empezado a tener sentada frente a una pantalla eléctrica, en sus distintas modalidades, decidimos instalar ese sistema secreto para cortar la corriente. Con sólo mover el interruptor, podía apagar el monitor de la tele, el reproductor de DVD, de VHS, la computadora, la consola de juegos y el DVR; pero sólo mi esposa y yo lo sabíamos.

Esto, desde luego, no contemplaba el problema adicional de incautar los celulares. Realizamos esa faena como un carterista cuando te roba: simplemente los agarramos. La idea del interruptor para cortar la corriente fue de mi suegro, Jack. Cuando mi esposa era una niña de cuarto grado empezó a tener problemas con la lectura. A su hermana mayor, Laurie, tampoco le interesaba leer. Jack estaba alarmado. Era una persona de los medios, vendía el tiempo publicitario de las estaciones de televisión. También era un lector voraz —cualquier cosa que cayera en sus manos, desde historia hasta temas de actualidad—. Pero eso mismo que ponía comida en la mesa de su familia —la televisión— estaba obstaculizando el desarrollo de los hábitos lectores de sus propias hijas. Concluyó que pasaban demasiado tiempo frente al aparato. Así que, una noche, encubierto por la oscuridad, Jack entró a hurtadillas en la sala, abrió por detrás su televisor RCA Victor, zafó algunos tubos y los escondió junto a las escobas.

Al día siguiente vino la pregunta inevitable:

—Papá, ¿qué le pasó a la tele?

—Cielos, niñas, parece que vamos a tener que llamar al técnico.

El técnico no llegó nunca. Pasaron 7 años. Las hijas de

Jack lo molestaban por la tele descompuesta. Entre tanto, se convirtieron en una familia de lectores. En la actualidad, mi esposa está agradecida con su padre por haber decidido no arreglar la televisión descompuesta. Es una lectora voraz, al igual que él.

Yo estuve preguntándome si ésta era la mejor manera de encarar el problema de cómo pasan su tiempo mis hijas. Es cierto que me sentí poderoso cuando bajé el interruptor en el sótano y fingí ignorar por qué todas las pantallas de la sala se oscurecieron súbitamente. ¿Tenía miedo de enfrentar a mi propia hija con lo que tanto mi esposa como yo creíamos firmemente, que había empezado a pasar demasiado tiempo sentada pasivamente frente a una pantalla electrónica? ¿Tenía miedo de la resistencia y la huida que enfrentaría cuando tratara de explicarle que me parece que tantas horas ante la pantalla le roban un bien precioso e irremplazable en su vida, que nunca recuperará, como es el tiempo? Tiempo que, a fin de que se convierta en un ser humano pleno, comunicativo y equilibrado, debería pasar relacionándose con su familia y amigos, aprendiendo a leer y usando habilidades emocionales, verbales y sociales de negociación, compromiso y honestidad; habilidades que sólo pueden aprenderse con el contacto cara a cara. ¿Tendría tiempo simplemente para jugar, recostada en el pasto mirando al cielo, imaginando, soñando?

Cuando mi hija Arianna cumplió 5 años, presenció una conversación animada entre sus amigas del kínder sobre el último episodio de *Las tortugas ninja*. Al llegar a casa preguntó:

—Papá, ¿por qué no me dejas ver *Las tortugas ninja*?

Tragué saliva nervioso y busqué darle una respuesta que no saliera de mi instinto visceral sobre las consecuencias que tendría dejarla ver tanta televisión. ¿Estaba siendo demasiado precavido? Después de todo, mis padres me habían dejado verla cuando era niño, pero en ese entonces había muchas menos opciones para los pequeños espectadores.

La única pantalla que teníamos en casa era una televisión en blanco y negro, además de que la programación infantil era una porción mucho menor de la oferta televisiva.

La caricatura de las *Las tortugas ninja* fue creada en 1987, en el mismo año en que nació mi hija; para cuando entró a preescolar, la mercancía de las *Las tortugas ninja* —dulces, patinetas, cereales para el desayuno, juegos de video, útiles escolares, sábanas, toallas, cámaras y hasta equipos de juguete para rasurarse— con la imagen de Leonardo, Miguel Ángel, Donatello, Rafael y el resto de los personajes de la serie desaparecía rápidamente de los estantes.

La película *Las tortugas ninja II: el secreto del ooze* acababa de estrenarse en cines. De forma que, para desviar la atención de mi preescolar de su pregunta "¿Por qué no me dejas ver *Las tortugas ninja* en la tele?", le propuse llevarla a ver la película.

—De verdad, ¿podemos? —dijo, y abrió los ojos con entusiasmo exagerado.

Ir al cine para ver una película es una experiencia más controlable que ver tele en casa. Podía programar la ida y hablar con ella sobre la película en el carro, de vuelta a casa, dejando la violencia y las tonterías ficticias en el cine. Pero nuestra televisión acechaba, omnipresente, en casa, y en cualquier momento mi hija podía decir: "Quiero ver tele".

No estaba seguro de cómo responder a la pregunta "¿Por qué no puedo ver tele?". Hay estudios que muestran sus efectos negativos en los niños que pasan demasiadas horas frente a ella, que incluyen déficit de atención, aumento de temores sociales, y lo más importante, el tiempo que le restan a la tarea, a leer, así como a la interacción social con sus compañeros y familia. Estoy convencido de que entre más tiempo puedan pasar los niños en el jardín con los amigos, dibujando pinturas con los dedos, lanzando un disco volador o escuchando a su papá y a su mamá leerles historias en voz alta —involucrados en actividades con otros humanos, en lugar de frente a una pantalla—, estarán mejor.

El neurocientífico de la Universidad de California, en Los Ángeles (UCLA), el doctor Gary Small, autor de *iBrain: Surviving the Technological Alteration of the Modern Mind* (*iBrain: Cómo sobrevivir a la alteración tecnológica de la mente moderna*), escribe:

> La desventaja de tal inmersión en los aparatos tecnológicos es que [los niños] no están conversando ni viendo gente a la cara, ni entendiendo juegos verbales. Estas 'tecnologías', por decirlo de alguna manera, son importantes, han evolucionado durante siglos y son tremendamente poderosas.[1]

El primer día de mi primer año como estudiante de periodismo en la Universidad Estatal de Michigan, mi profesor, un periodista viejo y arrugado, que trabajaba en el *Detroit Free Press*, se paró frente al grupo y dijo: "Detrás de cada historia, hay 6 preguntas". Enlistó las preguntas en el pizarrón:

- ¿Qué pasó?
- ¿Por qué pasó?
- ¿Cuándo pasó?
- ¿Dónde pasó?
- ¿Quién estaba ahí?
- ¿Cómo pasó?

Cuando reflexiono sobre los problemas que los niños enfrentan en el nuevo mundo de los medios electrónicos, me pregunto:

- ¿A qué nos estamos enfrentando?
- ¿Por qué nos sentimos indefensos?

- ¿Por qué todo se echó a perder?
- ¿A dónde vamos para que nos ayuden?
- ¿Quién es el responsable?
- ¿Cómo lo resolvemos?

La información prevaleciente muestra que entre los 2 y los 8 años, los niños estadounidenses pasan diariamente más de 6 de sus horas de vigilia viendo una pantalla, y la televisión absorbe más de la mitad de dicho tiempo.[2] Sólo una mínima fracción de ese lapso dedicado a la pantalla lo usan para hacer la tarea. El resto del tiempo lo pasan jugando, enviando mensajes de texto, mensajes instantáneos y correos, y navegando en la corriente siempre creciente de las redes sociales: Facebook, Twitter, Instagram, Snapchat, etcétera. La lista crece cada día. Ciertos estudios muestran que en los países de primer mundo los niños se están volviendo obesos, e incluso los puntajes de los exámenes académicos de nuestros niños más adelantados están decayendo. Nuestros pequeños se están atiborrando de pantallas.

Cuando mi hija mayor tenía 2 años, nuestra televisión se descompuso, así que la reemplazamos. Al sacar de la caja el monitor nuevo, mi hija se quedó mirando nuestro televisor nuevo como si estuviera viendo las insondables profundidades del océano por primera vez. Decidí hacer un experimento. Escuché que los niños que están empezando a caminar no tienden naturalmente a ver televisión, que cuando no están explorando el mundo físico con sus bocas y manos ocupadas, están predispuestos para buscar la atención de otros humanos e ignorar la tele. Un televisor es, fundamentalmente, gente que habla y ruido.

Pero los padres saben que una manera de librarse por algún tiempo de sus hijos es intentar y conseguir que acepten un sustituto paterno, la "niñera electrónica".[3] Pero resulta que cuesta algo de esfuerzo que suelten la pierna y se sienten callados frente al aparato. Un niño pequeño se orienta a la acción, se inclina a gatear, agarrar y probar, no a sentarse sin hacer nada. A fin de enganchar a un niño de esa edad a la televisión, un padre se debe sentar con él repetidamente y acostumbrarlo a la actividad antinatural de sentarse quieto a ver una pantalla. Aunque una vez que ha dado ese paso, una vez que un padre logra que su hijo pase tiempo frente a la pantalla, al igual que con cualquier adicción, es difícil retroceder.

Quería probar esa teoría de que un pequeño se resiste naturalmente a ver televisión. De tal suerte que cuando mi hija se quedó viendo el monitor de nuestro nuevo televisor, le di el control remoto y le enseñé a cambiar de canal. Entendió de inmediato, apretando los botones una y otra vez; la pantalla mostraba locutores, actores de telenovelas y comerciales, todos moviendo los labios frenéticamente y haciendo ruido. Mi hija se aburría, así que presionaba los botones cada vez más rápido, hasta que en la televisión no se distinguía a los que hablaban (tenemos tele satelital con muchos canales, así que podía pasar mucho tiempo apretando botones). Sólo titubeaba en los canales dedicados a la programación infantil, pero incluso estos parecían aburrirla. Después de algo más de un minuto cambiando canales, dejó el control en el piso y regresó a jugar con sus muñecas. ¿Mi hija era única? ¿Era resistente a la televisión? ¿Habíamos logrado esquivar la bala?

Desafortunadamente no. La descarga estaba en camino. Muy pronto nuestra hija se vio sitiada por una oferta inmensa de programación, tanto en la televisión como en Internet, dedicada exclusivamente a los niños: ABC Family, Animal Planet, BabyFirst TV, Boomerang, Cartoon Network, los canales de Disney, Nickelodeon, etcétera. Pronto nuestra hija estaría pidiendo un iPhone, un iPad, un Gameboy y una *laptop*.

En tanto, los padres nos enfrentamos a un conjunto complejo y cambiante de preguntas sobre el tiempo que nuestros hijos pasan frente a las pantallas.

- ¿Cuánto es demasiado tiempo?
- ¿De qué manera les afecta el tiempo frente a las pan-
tallas?
- ¿Cómo hablas con un niño sobre el tema?

Yo siempre he optado por limitar el tiempo que mis hijas
pasan delante de la pantalla, a fin de ayudarlas a que se
dediquen a actividades sociales más estimulantes. Pero,
como solía decir LeVar Burton, del programa *Arcoiris lector*:
"No tienes que creerme".

El código televisivo de la Asociación Nacional de Radio
y Televisión (NAB, por sus siglas en inglés) dice:

La televisión y todos los que participan en ella son enteramente
responsables ante el público estadounidense de respetar las necesidades especiales de los niños, la responsabilidad comunitaria,
el adelanto de la educación y la cultura, la calidad de los programas que eligen, la decencia y el decoro en la producción, y la
decencia en la publicidad.

¿Acaso los programadores de televisión siguen este credo
rimbombante?

En una reunión de la NAB, en Washington, DC, Newton
Minow, presidente de la Comisión Federal de Comunica-
ciones (FCC, por sus siglas en inglés), le dijo a un grupo de
los más altos ejecutivos de televisión:

Cuando la televisión es mala, no puede haber nada peor. Sién-
tense frente a la tele… y quédense ahí, durante un día, sin un
periódico, sin una hoja de ganancias y pérdidas, o un libro
de estadísticas para distraerlos. Mantengan los ojos pegados al
aparato. Les aseguro que van a observar un vasto baldío: una
procesión de programas de concursos, comedias repetitivas

sobre familias completamente falsas, acción, mutilación, violencia, sadismo, espías, gánsters, más violencia y caricaturas. Y comerciales interminables, muchos gritos, engaños y ofensas. Pero sobre todo, aburrimiento. Es verdad, van a ver unas cuantas cosas que les gusten. Pero serán pocas, muy pocas. Y si creen que exagero, sólo les pido que lo intenten. ¿Hay alguien aquí que reivindique que la televisión puede ser mejor?[4]

El discurso podría haberse dado este año sin problemas. Pero el presidente de la FCC pronunció estas palabras el 9 de mayo de 1961, durante el declive de la llamada Edad de Oro de la televisión, una época famosa en la actualidad por su programación de calidad dramática y sus innovadores programas de noticias, una época en que la única plataforma de medios electrónicos por la que los padres debían preocuparse era la televisión. En la actualidad los niños están viendo los programas en teléfonos inteligentes, televisiones inteligentes, tabletas y computadoras. Además de que están jugando, navegando en Internet y enviando mensajes de texto. Los especialistas en medios están preocupados.

Tony Dokoupil, que escribe en *Newsweek* y en *The Daily Beast,* advierte:

Las formas actuales de Internet —portátil, social, veloz y penetrante— no sólo podrían estar haciéndonos más tontos y solitarios, sino más depresivos y ansiosos, propensos a desordenes obsesivo-compulsivos y de déficit de atención, e incluso directamente psicóticos. Nuestras mentes digitalizadas pueden escanear como las de los drogadictos, de forma que la gente normal se está derrumbando de formas tristes y aparentemente nuevas.[5]

KidsHealth.org dice:

Los dos primeros años de vida son considerados una etapa crítica para el desarrollo cerebral. La televisión y otros medios electrónicos pueden obstruir la exploración, el juego y la interacción tanto con los padres como con los demás, cuestiones que alientan el aprendizaje, así como un desarrollo físico y social saludable.[6]

Francisca Theresia, de la Universidad Monterey Peninsula, escribe:

En la investigación hecha por la Asociación Estadounidense de Psicología (APA, por sus siglas en inglés), se sostiene que "Entre más violencia ven los niños en la tele, más temor y desconfianza les produce el mundo". De acuerdo con un estudio de la Universidad de Pensilvania, "La exposición excesiva a la televisión vuelve a los niños pasivos e insensibles a su entorno".[7]

Imagine por un momento a su hijo en un agradable paseo en bici, flanqueado por hileras de árboles, disfrutando de una tarde relajada contando ranas al borde de un charco, y a lo lejos mamá está en la cochera diciendo que la cena está lista, pronunciando el nombre de su hijo. Después de la cena, pasan una noche acogedora a un lado de la chimenea, con la familia acurrucada en torno a un buen libro. ¿Es un sueño ingenuo sobre un pasado irrecuperable? Con un control paterno adecuado, todo esto puede ser experimentado por los niños del siglo XXI, a pesar de que estén asediados por una interminable serie de plataformas mediáticas que, sin control, provocan que pasen demasiado tiempo frente a una pantalla electrónica, diseñada para atraer sus globos oculares y atraparlos para siempre.

Daniel Goleman reporta en *The New York Times*: "Jerome Singer, psicólogo de la Universidad de Yale, sostiene que la gente que ve mucha televisión desde la infancia crece con una vida carente de fantasía. Para ellos, ver televisión es un sustituto de su propia imaginación".[8]

Dejando a un lado nuestros propios recuerdos cálidos y borrosos de la película animada o nuestro programa de televisión infantil favorito, ¿de verdad confiamos en las corporaciones colosales y multimillonarias que atraen los globos oculares de nuestros hijos hacia sus pantallas, como Apple, Microsoft, Amazon y YouTube?

Las computadoras, los teléfonos inteligentes y las tabletas pueden ayudarnos a organizar nuestro tiempo, enterarnos de las últimas noticias, comunicarnos con los amigos y la familia, además de que generalmente nos divierten. También pueden servir como auxiliares en el estudio, tanto para adultos como para niños. Pero fuera de control, las plataformas de medios electrónicos pueden apropiarse de la vida de los niños y sustituir la imaginación por la programación, los pensamientos por los íconos, y la vida real por guiones preescritos y dramas interminables creados por verdaderos desconocidos.

Los mercados y los anunciantes en medios tienen en la mira audiencias cada vez más jóvenes. En un almuerzo dominical en el jardín de un amigo tuve una discusión apasionada con mis anfitriones sobre si debían autorizarle o no a su hija de 12 años suscribirse a una revista popular de adolescentes, así como a su sitio de Internet. Mi hija también tenía esa edad.

—Son niñas todavía —advertí—, esta revista es para adolescentes más grandes, aquellas cuyas prioridades son muy diferentes a las de 12.

—Son púberas —respondió el padre—, están entre la niñez y la adolescencia.

En mi opinión, esto no implicaba que nuestras hijas

fueran lo suficientemente grandes para empezar a pensar en las cosas que las revistas de adolescentes les plantean a sus lectores. Me interrogaba si era apropiado para una niña de 12 años estar en una página de Internet o leer una revista donde se le preguntan cosas como "¿Cuál es tu reto de amor de verano?", "Sexo, preguntas y respuestas: ¿por qué él no toma la iniciativa?", "¿Cuál miembro del grupo One Direction es tu pareja ideal?".

No me parece que estas preguntas (tomadas de las páginas de revistas reales para adolescentes), si debieran plantearse, puedan hacérsele a una niña de 12 años.

La industria de la ropa al menudeo encuentra formas cada vez más sofisticadas para vender sus productos, y tiene en la mira a niños cada vez más pequeños. Quienes están en la pubertad se han convertido en un nicho muy lucrativo para los publicistas. Comercializar directamente para las niñas en la pubertad le ha redituado miles de millones de dólares a Forever 21, H&M, T.J. Maxx, etcétera, y la lista crece cada año.

Los padres se sienten desamparados ante las redes sociales, aplicaciones para teléfonos inteligentes, los juegos de computadora y programas de televisión sobre los adolescentes. Para controlar varias pantallas nos podemos suscribir a los servicios de control parental que ofrecen las compañías de cable. Podemos usar *software* para limitar el tipo de páginas que nuestros hijos pueden visitar. Incluso podemos adquirir programas de vigilancia informática (*spyware*) para monitorear la actividad de nuestros hijos en Internet. Pero ¿qué pasa cuando nuestros hijos están en casa del vecino, o en la biblioteca, o usando sus teléfonos fuera de casa? Tratar de aplicar todas estas medidas de control es como tirar al blanco en las ferias: derribas un objetivo e inmediatamente sale otro. Mi sugerencia es que hablen directamente con sus hijos. Hablen del problema, pongan reglas y respétenlas.

En nuestra familia, la parte más difícil de la crianza de nuestras hijas ha sido resistir al rechazo inevitable y al enojo que sienten las niñas contra nosotros cuando no logran lo que quieren (cuando les confiscamos el celular una noche, cuando no las dejamos navegar por Internet mientras hacen la tarea, etcétera). Nunca me siento más parecido a un verdugo-ejecutor que las tardes en que tengo que quitarle el celular a mis hijas y aventarlo al cajón de mis calcetines a fin de que empiecen a hacer la tarea.

Los psicólogos dicen que cuando los niños piden las cosas a gritos y se quejan de nosotros, están aprendiendo a abrirse camino en el mundo. Los padres son los blancos más fáciles y seguros para ejercitarse. ¿Nos taparemos los oídos o aprovecharemos la oportunidad para enseñar, guiar y proteger?

¿Cómo llegamos a esto?

2

Hice la voz de Flint en la caricatura original de Hasbro TV, *G.I. Joe.* Flint también realizó apariciones especiales en la caricatura *Pollo robot,* de Cartoon Network, y en *Padre de familia,* de Fox TV. Inmediatamente después de que Hasbro empezara a producir *G.I. Joe,* en 1982, los muñecos de Flint y de otros personajes de *G.I. Joe* empezaron a aparecer inesperadamente (y en mayores cantidades como nunca en la historia de la comercialización de juguetes) en los anaqueles de las tiendas con más rapidez. Algo había cambiado en el mercado de juguetes de Estados Unidos, pero sólo los publicistas de televisión, los enterados de Washington y unas cuantas asociaciones de padres vigilantes de los medios parecían advertir el cambio.

En 1982, por primera vez desde que se redactaron las reglas para las transmisiones televisivas en 1930, la FCC y la Comisión Federal de Comercio (FTC, por sus siglas en inglés) suavizaron las leyes que regulaban la publicidad dentro de los programas infantiles. La administración de Reagan, en respuesta a la presión resultante de la recesión de 1980 y a la crisis del petróleo en Medio Oriente, quería darle algo de alivio a los anunciantes y un impulso a la economía. En consecuencia, para 1984, la regulación en Estados Unidos había quitado muchas de las restricciones concernientes a la inclusión de contenido promocional en la programación infantil. Además, Hasbro encontró la manera de esquivar las reglas que se conservaron, al anunciar el cómic de *G.I. Joe* en la televisión, y no los propios muñecos. Los resultados inmediatos fueron:

- Un incremento dramático en la cantidad de anuncios televisivos dirigidos específicamente a los niños.[9]
- Un aumento de los casos de obesidad en los niños.[10]
- Un alza en las cotizaciones de los fabricantes de juguetes.[11]
- Un alarmante incremento en el número de horas que los niños pasan frente a las pantallas de televisión.[12]

A pesar de los riesgos para los niños, los anunciantes y las cadenas de televisión estaban eufóricos por el cambio de reglas. Esto significaba más alternativas para vender productos y más ganancias para las televisoras. Pero los grupos de vigilancia parental estaban preocupados. Educadores, especialistas en medios y profesionales de la salud mental siempre han estado convencidos de que los pequeños teleespectadores son distintos a los adultos.[13] Los niños son más susceptibles a los mensajes manipuladores de los anuncios de televisión; y los de 6 años o menos creen que lo que ven en la televisión es real. Un estudio de la Universidad Nagoya, Japón, reveló que hasta los 5 años y medio los niños creen que lo que aparece en la pantalla de televisión en verdad se encuentra en la misma habitación que ellos, ya sea una figura de acción lanzada al espacio o la deliciosa barra de caramelo que un joven actor se introduce en la boca durante un comercial.[14]

Los episodios de caricatura en los que intervine con mi voz y los comerciales que narraba anunciaban, con bombo y platillo, un interminable desfile de muñecos, vehículos de juguete e historietas. Como resultado del cambio en las reglas de la FCC y las nuevas estrategias de comercialización de Hasbro, los programas infantiles simplemente dejaron de ser diversión para la infancia y se convirtieron en infomerciales agresivos de 30 minutos sobre juguetes y figuras de acción. Aunque me encantaba trabajar dando mi voz, empecé a sentir que era parte del problema.

¿Pero no se trataba simplemente de artículos inocentes para niños? Cuando era pequeño le jalaba la manga a mi papá en la tienda de baratijas y suplicaba por mi primer par de orejas de Mickey Mouse, de Disney, después de haber visto un episodio de *El club de Mickey Mouse* en la televisión. Pero en ese entonces, las reglas de la FCC eran diferentes. En un programa de televisión infantil era ilegal anunciar juguetes que estuvieran basados en los personajes de la emisión. Si la televisión infantil no hubiera estado regulada entonces, hubiera estado viendo un comercial tras otro y hubiera estado fastidiando a mis padres día y noche para que me compraran los muñecos que veía anunciados en mis programas favoritos. Con todo ese tiempo frente a la pantalla, hoy sería el sueño de un publicista hecho realidad y la peor pesadilla de un padre de familia.

He caminando muchas veces tapándome los oídos por los pasillos del supermercado que frecuento, tratando de no escuchar los chillidos estridentes de niños que se encuentran alrededor suplicando a sus padres por un producto de una marca específica que divisaron en un anaquel de la tienda. Hay probabilidades de que lo hayan visto anunciado en la tele. La publicidad funciona bien con los niños, pero funciona sólo en proporción a la cantidad de televisión que se les permite ver.

En mi infancia tenía una relación de amor-odio con el televisor. Era servilmente devoto de algunos programas como *Fearless Fosdick*, una serie policiaca para niños actuada en vivo con títeres; *Dragnet*, protagonizado por Jack Webb, el actor favorito del Departamento de Policía de los Ángeles, y *El show de Ernie Kovac*, en el que los espectadores eran transportados a un mundo cómico y muy adulto, patrocinado por los cigarros Dutch Masters. Así como de *Captain Kangaroo*, *Howdy Doody*, y mucha de la programación infantil de aquellos días. Muy a menudo me aburría. A pesar de eso, me sentaba durante horas frente a la "caja idiota", como la llamaba mi padre. Pasé demasiado tiempo viendo cualquier cosa que apareciera en la pantalla, incluso el patrón de prueba de las emisoras, antes de que transmitieran la programación matutina de los sábados. Pasaba los sábados por la mañana y las tardes después de la escuela mirando ociosamente la pantalla de televisión, hasta que mis padres se dieron cuenta, me vieron con los ojos nublados, y me rescataron de mi trance inducido por el televisor. Mi papá simplemente apagó la tele y me llevó al parque para jugar a atrapar la pelota.

A principios de la década de 1950, la tele era una novedad, un medio de comunicación joven. Pero a medida que la televisión comercial maduró y prácticamente toda familia estadounidense se compró un aparato, se convirtió en objeto de escrutinio por parte de los educadores, los especialistas en desarrollo infantil y las asociaciones de padres. A pesar de ello, los publicistas y los desarrolladores de tecnología soñaron con un mundo en el que hubiera muchas maneras de que los niños vieran programas y anuncios, un mundo con muchas pantallas. A esto nos enfrentamos ahora.

Actualmente, además de la televisión, están los videojuegos, las redes sociales y una miríada de formas de ver series televisivas adaptadas a Internet. Lo que los niños ven anunciado en línea y en el televisor influye en gran medida en los hábitos de consumo de sus padres. Los niños y los adolescentes influyen en las compras de sus padres con un valor de miles de millones de dólares cada año.[15] Incluso mucha de la llamada televisión educativa tiene un propósito muy diferente y provechoso en mente. La televisión pública está muy orgullosa de su muy duradero y exitoso programa *Plaza Sésamo*. Pero ni siquiera aquí todo lo que brilla es oro, excepto cuando se trata de vender juguetes.

Cuando el Servicio de Televisión Pública (PBS por sus siglas en inglés), estrenó *Plaza Sésamo* en 1969, envió por correo libros a miles de familias estadounidenses con instrucciones específicas para que los padres se sentaran y vieran el programa junto con sus hijos, participaran activamente en los ejercicios de ortografía y aritmética. Hubo alabanzas a los efectos positivos que *Plaza Sésamo* tenía en las actitudes de los niños y en su habilidad para retener conceptos de estas materias. No obstante, el estudio más citado fue realizado por la propia PBS. Los puntajes de los niños espectadores sí mejoraban viendo *Plaza Sésamo*... siempre y cuando los padres estuvieran ahí, viéndolo y participando con sus hijos. Los niños que veían el programa solos, sin presencia de sus padres, no mostraron avances en su retención de los conceptos de matemáticas y ortografía. Incluso si los padres seguían las instrucciones del PBS y participaban viendo, sus hijos bajaban su rendimiento en los exámenes de matemáticas y ortografía en cuanto entraban a la escuela primaria, con lo que se reducía la distancia que los separaba de los espectadores solitarios y los no espectadores.[16] Así que incluso la muy alabada *Plaza Sésamo* resultó no ser mucho más que puro entretenimiento. Y con el paso de las décadas, la venta de juguetes de esta franquicia ha acumulado cientos de millones de dólares en ganancias.

Aun cuando no enseña a los niños a leer, *Plaza Sésamo*, junto con el aluvión de programas de televisión y sitios de Internet comerciales para niños, inculca en los pequeños usuarios un sentido de posesión personal que los mantiene viendo. Los espectadores, particularmente los niños, a menudo sienten que sus programas favoritos y las herramientas que utilizan para verlos —su tele, teléfono inteligente, *laptop* o tableta— son sus amigos especiales, suyos y sólo suyos, para atesorarlos y exprimirles placer. Mi canal, mi página de Internet, mi iPhone. Un sentido de posesión es exactamente lo que los fabricantes de tecnología y los proveedores tanto de Internet como de programación televisiva quieren que los pequeños sientan. En un artículo de *Los Angeles Times,* sobre los niños que compran productos en línea que son promocionados por celebridades, una niña de 13 años dice: "En cierta forma te puedes sentir más cerca de ellos si tienes esas cosas"[17]. Los niños atesoran con cariño las compras, teléfonos y tabletas que les dan sus padres, pero toda esa mercancía, tecnología y programación proviene de conglomerados de comunicación altamente rentables. Todo se reduce a dinero. El reto para los padres es encontrar modos de afirmar la autoestima de los niños y la pertenencia a su grupo de compañeros, al tiempo que se aseguran de que conozcan la diferencia entre lo que valen por sí mismos y la simple posesión de un teléfono inteligente, un Gameboy o una playera.

Cuando mi hija mayor estaba en sexto grado, ella y sus amigas se enamoraron de la marca japonesa de juguetes Sanrio. Mi hija y sus amigas colgaban la mercancía de Hello Kitty, uno de sus personajes más populares, a sus mochilas y se la intercambiaban en la escuela. Todo esto se vino abajo cuando algunos niños empezaron a robarse los juguetes de Sanrio, por lo que el director de la escuela prohibió la presencia de esos juguetes en las instalaciones. Los padres se sintieron aliviados, al igual que los niños, que ya se habían cansado de la rivalidad y los robos.

Cuando trabajé como recadero para la agencia Campbell-Mithun en Minneapolis, asistí a un seminario de mercadotecnia. El director general y fundador, Ray Mithun, le dijo a sus ejecutivos de cuenta: "La parte más importante de nuestro trabajo es crear una publicidad que haga sentir al comprador que lo que acaba de comprar es la cosa más especial del mundo".

La mayoría de nosotros tiene atesorados en algún lugar juguetes de su infancia que prometió dar a sus hijos, y esperan que a ellos les gusten tanto como a nosotros. ¡Oh, decepción!, casi nunca funciona de ese modo: con frecuencia nuestros hijos ven los juguetes viejos como basura de época. La nostalgia que sentimos por nuestros juguetes no es falsa o inmerecida, pero la profundidad de nuestros sentimientos probablemente fue aumentada, no sólo por los años que jugamos con ellos, sino por haberlos visto anunciados en la tele. Los publicistas poderosos como Ray Mithun establecieron los cimientos para el complejo mercado de tecnología digital para niños de la actualidad. El mundo es un lugar enteramente diferente a cuando éramos niños, pero en el negocio de la publicidad, las reglas son las mismas. Es sólo que las reglas están siendo aplicadas de formas más novedosas a través de sistemas de difusión muy sofisticados.

La Hermandad de las Estaciones de Radio

3

Mentí para conseguir mi primer trabajo como locutor de radio. Tenía 30 años, trabajaba en ventas por teléfono molestando gente a todas horas del día y de la noche, vendía de todo, desde suscripciones a revistas hasta anuncios en el libro testimonial de la cena del Sindicato Internacional de Estibadores y Bodegueros. Estaba ojeando los anuncios clasificados del *San Francisco Chronicle* cuando vi una oferta de trabajo para ventas en una estación de radio local, K-Kiss 99, en los suburbios de Walnut Creek, California. Llamé, agendé una entrevista y tomé el tren rápido de la bahía (BART, por sus siglas en inglés) para un viaje cómodo de 20 minutos hacia el este, al condado Contra Costa. El bien peinado director de noticias de K-Kiss, Herb Kanner, me estaba esperando en la estación y me condujo a la emisora en un bólido rojo, un Mercedes 450 SEL. Me dio una visita por la estación, ingeniosamente equipada, con su olor a alfombra nueva y sus paredes recubiertas de bambú. Luego me condujo a su oficina, puso los pies sobre el escritorio de madera hawaiana perfectamente barnizado y encendió un cigarro.

—Estamos buscando un agente de ventas motivado para que venda por teléfono paquetes de anuncios al aire, de bajo costo, a salones de belleza, ferreterías y gasolineras. Ahora bien, los agentes de ventas veteranos te dirán que soy un idiota, que esas son pequeñeces, ganancias fáciles pero no muy lucrativas. No soy tonto. Ahí hay dinero. Si fuera un idiota, ¿estaría conduciendo el coche que conduzco?

Saqué mi currículo del bolsillo de la camisa y lo deslicé por el escritorio de Herb. Echó un vistazo y dijo:

—Tienes una buena voz. El trabajo es tuyo si lo quieres. Empezarás con 165 dólares a la semana.

Para poder trabajar en K-Kiss 99 tendría que aceptar una reducción de salario.

—Jimmy Katz, de Dorado Enterprises, me paga mucho más. Va a estar difícil que deje ese trabajo con el dinero que me está ofreciendo.

Nunca antes había tomado tanta iniciativa en una entrevista de trabajo, pero necesitaba el dinero. Seguí trabajando para Jimmy algunos días más, vendiendo prórrogas a los firmantes del Sindicato Internacional de Estibadores y Bodegueros. Entonces Herb Kanner llamó a nombre de K-Kiss 99.

—¿Qué se necesita para convencerte?

Había querido trabajar en la radio desde que tenía 12 años, cuando fundé la hermandad de las estaciones de radio en el sur de Minneapolis, con mis amigos Steve Gray, John Waterhouse y Skipper Hastings. Tengo la teoría de que los medios de comunicación despiertan al doceañero que vive en nosotros. Hoy vemos televisión, videos, películas, navegamos en la red y jugamos videojuegos de la misma manera en que lo hace un doceañero acrítico. Cuando iba en sexto año, mi héroe y modelo a seguir era el hermano mayor de Steve, Dick. Su cabina de radioaficionado —un cuarto cerrado con paredes de madera laminada y sin ventanas— estaba a un lado de la mesa de ping-pong y del horno en su sótano. Escuchábamos a través de las paredes cuando Dick le enviaba mensajes misteriosos, en clave morse, a desconocidos en todo el mundo desde su cabina.

Las paredes de su cabina estaban cubiertas con postales de las estaciones de otros colegas aficionados; en su escritorio estaba su apreciado radiotransmisor, el Heathkit HW-101, un teclado telegráfico semiautomático en clave morse, y un cable coaxial grueso que se elevaba por la pared hasta el techo, conectado a una antena de radio en la azotea, que le permitía a Dick transmitir a otros camaradas de todo el mundo. Había gotas plateadas de soldadura derretida regadas en su escritorio, metros de cable y recibos del taller de reparación de radio y televisión de Jim.

Una mañana de sábado me senté a ver *Captain Kangaroo*, un programa que me parecía desesperadamente simplista. Pero no había nada mejor, y yo era adicto a ver la televisión siempre que pudiera. Acababa de encenderla cuando sonó el teléfono. Mi hermano mayor, Pete, me gritó desde el sótano: "Es para ti, zoquete. Es tu amigo John Waterhouse".

Alcé el auricular. John se escuchaba emocionado, respiraba agitado.

—Steve Gray, Skipper Hastings y yo estamos en el taller de reparación de radio y televisión de Jim, y él nos acaba de enseñar cómo convertir un radio en una señal pública.

No tenía idea de lo que significaba, pero sonaba importante.

—¡Sacas el radio de su armazón, conectas las puntas de los cables de un micrófono al modulador de volumen y el radio emite tu voz!

Estaba asombrado. Eran grandes noticias. Para un niño de 12 años, aquella posibilidad de hablar más alto de lo normal con la ayuda de aparatos eléctricos resultaba impactante. Me reuní con John, Skipper y Steve. Expropiamos una vieja radio AM, con forma de catedral, del ático de los Gray y la llevamos hasta la cabina de Dick. Sintonizamos con el radio la estación de *rock and roll* local, WDGY. Estaban tocando "Wake Up Little Susie", de los Everly Brothers. Conectamos la soldadora de Dick. Salió un poco de humo de la punta de metal, que estaba incandescente como una pequeña plancha. Steve abrió el escritorio de su hermano y sacó un pequeño micrófono de plástico gris con blanco marca Shure, colocó la soldadora en la parte posterior del radio y conectó las puntas de los cables del micrófono al modulador de volumen. La WDGY dejó de sonar. Nos turnamos uno a uno para hablar por el micrófono. Con un asombro que nunca antes había sentido, escuché nuestras vacilantes voces de adolescentes retumbar en el radio. Estábamos al aire.

Corrimos a la ferretería y compramos nuestras propias soldadoras. Luego, cada uno se hizo en su casa de una radio arrumbada y realizó la operación que habíamos aprendido en el taller de Jim. Tendimos cables de sonido por nuestras casas, que descendían por las escaleras y los toboganes para la ropa, y colocamos bocinas estratégicamente por toda la casa. Compré un transmisor Knight-kit AM, inalámbrico y de cinco watts, capaz de transmitir a una distancia de dos casas y media. Lo supe mediante una prueba de intensidad de la señal. Envíe a John Waterhouse a la calle con un radio AM portátil para que se lo pusiera en el oído y le di la siguiente instrucción: "agita los brazos mientras sigas escuchando mi señal". Caminó por la banqueta, en la primera casa movió los brazos. En la segunda casa los agitó menos. Para cuando llegó a la tercera casa, dejó de mover los brazos en seco y se encogió de hombros. Avanzamos a grandes pasos y creamos horarios de transmisión, escogimos nuestros discos favoritos e inundamos nuestras casas con música. Leíamos las noticias y hacíamos de invitados en los programas de los otros. Juntos formamos la Hermandad de las Estaciones de Radio y prometimos nunca dejar de transmitir.

Pasados 18 años, la idea de sentarme en un escritorio, tomar el teléfono para llamar a salones de belleza y ferreterías dentro de las oficinas de K-Kiss 99 no resultaba atractiva.

Le dije al gerente de ventas de K-Kiss, Herb Kanner:

—Si me dejas escribir y grabar los comerciales de radio que venda, me quedo con el trabajo.

Herb atravesó el vestíbulo en dirección a la oficina Dick Schofield, el gerente general. Hablaron un momento, el gerente general me miró de reojo a través de las puertas de vidrio, inclino la cabeza y Herb volvió a su escritorio.

—Es todo tuyo, socio.

Renuncié a mi trabajo en Dorado Enterprises y me fui a trabajar a K-Kiss 99. Los miembros del departamento de ventas conducían carros deportivos extranjeros rentados para trabajar y lucían trajes italianos de tres piezas. Yo llegaba en el tren y usaba pantalón casual.

Herb me dio una caja llena de tarjetas con nombres y direcciones, y dijo:

—Habla por teléfono con estas personas, véndeles a todos, no dejes que se te escape un centavo.

Cada mañana el área de oficinas de K-Kiss 99 bullía de actividad. Los vendedores hacían citas con los anunciantes, llamaban a sus corredores de bolsa y se las arreglaban para tener sus caros vehículos rentados lavados y encerados. En mi primer día de trabajo, hice docenas de llamadas, pero no vendí nada. Al segundo día tuve más éxito. Hice mi primera venta, de 85 dólares, a la tienda de mascotas Chipper, cerca de la estación de tren de Walnut Creek.

Le dije a mi primer cliente:

—Señor, gracias por anunciarse en K-Kiss. Y dígame, ¿le gustaría que copie su anuncio en la sección amarilla para su comercial de radio?

—No. Mi esposa lo escribió. Quiero algo especial para la radio. Así que, señor vendedor, ¿qué clase de anuncio me va a hacer? —preguntó Chipper. No había vuelto a escribir un comercial de radio desde que dirigía WCLO a los 12, así que lo hice sobre la marcha.

—Eh, bueno, ¿ha leído *Las uvas de la ira,* de John Steinbeck?

—En la prepa, sí, ¿por qué?

—Voy a hacer una lectura patrocinada de un pasaje del libro. Me escuchará leer la brillante prosa de Steinbeck durante 50 segundos, seguida de "esta lectura especial ha sido traída para usted por la tienda de mascotas Chipper, ubicada en Ygnacio Valley Road 1871, Walnut Creek, California".

—Ésa es mi dirección. ¿Qué más?

—¿Qué tal, "por el mejor surtidor para mascotas de los alrededores"?

—De acuerdo, campeón. Envíame una copia del anuncio y yo te envío un cheque.

Había entrado al negocio. Estaba vendiendo, produciendo y dando voz a comerciales de radio. Me sentía importante. Sentía que mi cabeza crecía. ¿Necesitaba un agente? Envíe por correo mi comercial de la tienda de mascotas Chipper a un agente de talento local, quien, para mi gran sorpresa, me hizo su cliente. La primera audición que me envió no era para un trabajo de doblaje, sino una sesión de foto fija para la Pacific Gas and Electric Company, que quería la foto de un actor aterrado mirando de reojo el recibo de la luz. Eso podía hacerlo. Cuando el anuncio apareció en el periódico local, compré orgulloso media docena de ejemplares. En una cita a ciegas que tuve con una chica, le enseñé mi anuncio para la compañía al mismo tiempo en que uno de mis comerciales se escuchaba en el radio del carro. Subí el volumen "… traída para usted por la tienda de mascotas Chipper."

—¿Entonces eres tú? —dijo.

—Sí, soy yo.

—¡Eh!, ¿qué se siente estar rodeado de ti mismo?

Nunca me había considerado un presumido, pero atraer ese tipo de atención resultaba embriagador. Quizá había un sitio para mí en un mundo que siempre había tenido un encanto tremendo: la publicidad y los medios, un mundo que me traía buenos recuerdos de cuando me sentaba en la oficina de mi padre, de la revista *Better Homes & Gardens,* mientras él creaba anuncios.

Poco después de que empecé en K-Kiss 99, el conductor

de mediodía se retiró. Solicité su trabajo e hice una cita con el gerente general, Dick Schofield.

—¿Ya has estado al aire? —preguntó.

—Ah, sí —mentí—, dirigía la programación de WCLO AM-1330, en la escuela. Hice de todo, desde establecer la selección musical y crear premios para los concursos, hasta escribir anuncios.

Era verdad que fui director de programación de WCLO AM-1330, pero entonces tenía 12 años y WCLO estaba en mi cuarto, al sur de Minneapolis.

—Ah, sé de lo que me hablas, hijo. También dirigí la radio de mi universidad. Te acabas de ganar un ascenso. Ahora eres locutor de radio.

Omití precisarle que por "escuela" me refería a la escuela primaria, no a la universidad. No pude evitarlo. Era el trabajo de mis sueños y no podía dejar que la oportunidad se me fuera. No podía defraudar a la Hermandad de las Estaciones de Radio.

Había sentido fascinación por los medios desde temprana edad. Si hubieran existido los videojuegos e Internet cuando era niño, hubiera sido un usuario devoto. Mi participación en los medios desde la adolescencia me condujo a una carrera de toda la vida. Mis amigos y yo, la Hermandad de las Estaciones de Radio, hicimos algo más que quedarnos sentados viendo. Desempeñamos un papel activo en la elección de nuestro destino. Pero cuando crecí, empecé a tener una perspectiva más amplia de los medios y lo que vendían, así como el modo en que conformaban la opinión pública y la autoimagen de las audiencias.

Betty Crocker, conociendo a la leyenda

4

—Hijo, quiero que conozcas a una gran estrella que está allá abajo. Una gran estrella. Ponte el saco y baja a la sala.

Me acomodé la corbata y seguí a mi padre por las escaleras. Tenía 12 años. Mi padre daba una fiesta para sus colegas de trabajo. La noche estaba en pleno. Él tenía puesto un traje rayado con doble botonadura y un par de zapatos puntiagudos negro con café. Era ejecutivo publicitario en General Mills, pero se vestía como Vito Corleone en *El padrino*. Mi papá creció siendo pobre, en la bodega de una tienda de cigarros, en el sur de Chicago, un chico duro de barrio, por lo que tenía la preparación ideal para lidiar con el poder monolítico que lo controlaba en el trabajo: la marca Betty Crocker.

Mi hermano mayor, Pete, y yo, ayudábamos en las fiestas de mi padre recibiendo a los invitados, guardando los abrigos y sirviendo. Los invitados eran publicistas, escritores de publicidad, artistas comerciales y locutores de radio y televisión que trabajaban haciendo lecturas de anuncios para mi papá. Cuando sonaba el timbre nos poníamos en acción. Mi hermano llevaba los abrigos de los invitados al clóset y yo servía los bocadillos. No estoy seguro de por qué, pero los publicistas actuaban como ganado. Cuando sostenía una charola con rollitos de tocino ahumado, salían manos disparadas de todos lados. Ningún contacto visual, ningún "gracias". Se atiborraban las bocas y conversaban de cosas aburridas de adultos. Luego de un tiempo, mi hermano me sustituyó y mi papá me llevó a la sala. Una bella mujer rubia, que usaba un vestido de coctel negro sin mangas y tenía una sonrisa tan ancha como el río Misisipi, estaba sentada en una silla reclinable.

—Hijo, te presento a Betty Crocker.

—¿Betty Crocker?, ¿la señora que está en las cajas de la mezcla para pasteles?

—Así es.

Di un paso hacia adelante, sintiéndome torpe, y dije:

—Hola, encantado de conocerla.

Betty Crocker me extendió su mano esbelta y elegante. Su piel era suave y sedosa.

—Extremadamente encantada de conocerte, jovencito. Estás haciendo un trabajo estupendo en la fiesta de tu papá.

Su voz podía derretir glaciares. Olía a lilas. Betty Crocker era real.

—¿Tu primera gran estrella, verdad, hijo? Recorre todo el país caracterizada como Betty Crocker. Ella juega a ser Betty Crocker en la televisión —dijo mi papá.

—¿Ella juega a ser Betty Crocker? ¿Igual que yo cuando juego a policías y ladrones?

Ella se rió y mi papá me explicó:

—Hijo, es una actriz. Su nombre es Jane Webb. Sale en los comerciales televisivos de Betty Crocker y narra los comerciales de radio. No existe una Betty Crocker real.

Me quedé pasmado. Ese icono de la vida doméstica estadounidense me parecía muy real. La había visto en las cajas de mezcla para pasteles, en revistas y en la televisión. Pero la Betty Crocker que aparecía impresa en realidad era una fotocomposición de más de un centenar de caras de mujeres estadounidenses. Los directores de arte seleccionaron a Jane Webb porque se parecía a la fotocomposición. Betty Crocker era una criatura de la imaginación corporativa de General Mills. Había sido creada para vender mezcla para pasteles.

Décadas después de que conocí a Betty Crocker, fui contratado para ser el locutor de un comercial radiofónico para el Bank of America. El ingeniero de sonido de la sesión me condujo al enorme cuarto aislado, ajustó los micrófonos y distribuyó los guiones. Mi compañera en la voz era una rubia mayor, que vestía falda, blusa y saco color arándano. Tenía una voz de locutora muy agradable. Me pareció vagamente familiar. Le dije mi nombre. Hizo un gesto como de estar tratando de recordar algo de un tiempo lejano.

—¿De casualidad tienes algo que ver con Joe Ratner? —preguntó.

—Era mi padre.

Me rodeó con sus brazos.

—Trabajé para tu papá, lo quería. Era el hombre más agradable. Llegó a la empresa durante una recesión, cuando General Mills nos puso a todos a usar botones que decían "ahorra". Tu papá nos dio botones que decían "gasta".

Era Jane Webb, la actriz que interpretaba a Betty Crocker en los cincuenta.

—Eres Betty Crocker. Mi papá te llamaba "una gran estrella".

Me emocionaba reencontrar a Jane. Me trajo muchos recuerdos de mi padre. Jane apretó mi mano.

—Y hoy tú y yo vamos a trabajar juntos —me dijo.

—No sería la primera vez —respondí—, la noche en que te conocí, estaba trabajando en la fiesta de mi papá. Y tú estabas trabajando… de Betty Crocker.

—Así es. El papel de Betty Crocker me mantenía muy ocupada. Era la segunda mujer más popular de Estados Unidos en aquella época, antecedida sólo por Eleanor Roosevelt. Excepto que ella sí era real. Ahora sólo soy una voz. Soy demasiado vieja para ser Betty Crocker. No pueden dejar que ella envejezca.

Habían pasado 25 años, pero la voz de Jane no había envejecido en absoluto. Es como si su voz recordara ser Betty Crocker. La voz humana es una poderosa herramienta que

los anunciantes y los programadores usan para atraer la
atención de los clientes. Hasta 1950, la principal fuente de
entretenimiento para los estadounidenses era la radio. Las
radiodifusoras Mutual Radio Network, The Radio Cor-
poration of America, NBC Radio y CBS Radio transmitían
comedias, dramas, noticias y una variedad de programas
diurnos y nocturnos. Las familias se reunían alrededor
de sus radios con forma de catedral y escuchaban los programas *La sombra*, *Luces apagadas*, *Nuestra Miss Brooks*,
Superman, *La hora radial de Orson Welles*, *Harbor Detective* y
muchos más. Los radioescuchas desarrollaban profundas
lealtades hacia sus personajes y programas favoritos.

Cuando tenía 14 años, pasaba las vacaciones de primavera con la tía Eunice y el tío Gerry en su *penthouse* ubicado en el decimonoveno piso del rodeo Lake Shore, en
Chicago. Sabían que me interesaba la radio, así que me llevaron a Allerton, que estaba muy cerca, al hotel Tip Top
Tap, en la avenida Michigan, para que viera una transmisión en vivo del programa *El club del desayuno*, de Don
MacNeill, que se transmitía cinco veces por semana en
NBC Radio. *El club del desayuno* duró de 1933 a 1968 —35
años y medio—, más que cualquier programa de radio o
televisión en la historia. Gracias a su voz dulce y suave, así
como por su capacidad de persuasión, Don MacNeill era
uno de los favoritos de los anunciantes, quienes pagaban
las tarifas más altas para que él le diera voz a sus comerciales de todo tipo, desde cigarros hasta hornos para ros-
tizar, pasando por automóviles y lavadoras.

MacNeill era un hombre más bien alto, con silueta
de pera, de mediana edad, con una rica voz de barítono,
un doble mentón pronunciado y una melena espesa de
cabello castaño, que mantenía en su sitio con el tónico
para cabello Vitalis. Era el maestro de ceremonias perfecto.
Durante esa hora dentro del gran salón del hotel Tip Top
Tap de Allerton, me senté atrás y lo escuché susurrar a su
micrófono metálico RCA. Estaba hipnotizado. Había magia
en su técnica. Como todos los grandes locutores, Don

Mac-Neill tenía un control total sobre su voz. Modulaba los altos y los bajos, descendiendo como un halcón elegante de una venta a otra, íntimo e insinuante, luego fabuloso y magnífico.

Mientras veía a Don MacNeill cantar suavemente durante sus comerciales de 60 segundos, recordé la fascinación de mi padre por el antiguo vendedor de aceite de víbora, quien deambuló por las autopistas y las carreteras de Estados Unidos en los inicios de nuestro país, yendo de pueblo en pueblo en carros tirados por caballos, vendiendo pociones, tónicos, brebajes y cremas que supuestamente debían curar cualquier padecimiento. El aceite de víbora era el producto más exótico y, supuestamente, más poderoso, proveniente de los míticos habitantes del jardín del Edén, y los hombres modernos habían sido lo suficientemente astutos para captarlo, embotellarlo y ponerlo a la venta para el público en general. Mi padre había nacido a principios del siglo XX, en el sur de Chicago, donde los agentes viajeros establecían sus campamentos en los terrenos circundantes y los lotes vacantes. Para mi papá, eran el mejor espectáculo de la ciudad, con sus afirmaciones exageradas y sus voces elásticas, que alababan sus productos con propiedades mágicas. Actualmente, cuando veo infomerciales en la tele nocturna, de productos que prometen crearte un abdomen perfecto y un bello trasero, me pregunto si la publicidad de verdad ha cambiado mucho desde la época del vendedor ambulante de aceite de víbora.

De la misma manera en que me sentí hipnotizado por el locutor de radio Don MacNeill cuando tenía 14 años, los niños de ahora son seducidos por vendedores bien entrenados en sistemas de difusión digital altamente sofisticados. Resulta que yo soy uno de esos vendedores bien entrenados.

Empecé a estudiar locución para comerciales de radio con una celebridad de la radio de Chicago, llamada Joanie Gerber, conocida por su serie cómica *Señora gallina*. Ella tenía el pelo rojo encendido, una personalidad cálida y efusiva, así como la habilidad de interpretar docenas de voces claramente diferenciadas, cada una tan auténtica que sonaba como la voz de tu vecino. Dio su taller de locución en Sound Services s.a., un estudio de grabación popular en Hollywood, enfrente de los estudios cinematográficos de Samuel Goldwyn, en el bulevar Santa Mónica.

Una noche durante la clase, Joanie me envió a la cabina de grabación; en el atril para la música estaba el guión de locución de una marca popular de comida para gato.

—Estamos grabando, puedes empezar cuando quieras —dijo el ingeniero de audio. Leí el anuncio en voz alta.

—¡Bill!, gritó Joanie a través del altavoz, suenas como un farsante. Te quiero, pero no suenas real.

Joanie no tenía pelos en la lengua. Yo sabía que ella tenía razón. Estaba leyendo el papel del locutor, y el trabajo del locutor en este anuncio en particular era convencer a la audiencia de que si no compraban esa marca en específico de comida para gato, su mascota probablemente no viviría una vida plena y feliz.

—Joanie, hay algo que no me agrada en esto: "Si no compra nuestra comida para gato, su gato puede morir intempestivamente".

—Así es. ¿Tienes algún problema al respecto? —dijo Joanie.

—Sí, me parece cruel con los radioescuchas.

—Mira —dijo mientras se levantaba de su silla de director y se acercaba hasta mí dentro de la cabina de grabación—, el papel que interpretas es el de vocero. No eres tú. Es un papel que debes interpretar como actor de voz si quieres obtener este trabajo. Sólo llévate el dinero, y siéntete culpable de camino al banco.

Para Joanie, no se trataba de una cuestión ética. El propósito de un comercial es vender productos. Si quería trabajar como locutor publicitario, tendría que abordar cada guión como lo haría un actor. El de vocero en este anuncio de comida para gato era simplemente un papel. El trabajo del vocero comercial consiste en manipular al espectador para que compre el producto. ¿Es ético? En el mundo de los comerciales, es discutible. El punto es vender. Hay leyes que prohíben mentir en un comercial y los fabricantes generalmente no ponen aserrín en las latas de comida para gato. Pero no hay leyes que puedan regular la manera en que los anunciantes juegan con nuestras emociones con el fin de vender algo.

Cuando se pregunta por qué sus hijos pasan una cantidad excesiva de tiempo viendo la televisión, jugando videojuegos o contemplando los videos de YouTube, recuerde que han sido atraídos hacia las pantallas por maestros del oficio, expertos en comunicación muy bien pagados, cuya única responsabilidad es retener los globos oculares de los niños y mantenerlos viendo día y noche.

Douglas Rushkoff, periodista de PBS, reporta que los jóvenes están pasando más de 50 horas a la semana en medios digitales, lo que es alentado por las ganancias publicitarias.[18] Es imposible ver videos en YouTube sin ver comerciales de televisión adaptados para Internet. Para los padres de niños pequeños, en este vasto mercado digital, se trata de un caso de *caveat emptor,* es decir, es el comprador el que debe tener cuidado.

Los anunciantes quieren que los consumidores sean leales. La manzana mordida en los productos de cómputo Apple y la cara sonriente de Betty Crocker en una caja de mezcla para pasteles son imágenes. Los publicistas las usan para que sigamos comprando. Cuando conocí a la actriz que interpretaba a Betty Crocker, se trató de un acto de desenmascaramiento y desmitificación de un icono publicitario. Pero la imagen y la idea de Betty Crocker, encarnada en un simple fotomontaje y en una actriz recitando sus parlamentos en los comerciales, les han dado cientos de millones de dólares de ganancias a los creadores de Betty Crocker.

El gran discurso de mi papá

5

Camino a un partido de los Minnesota Gophers, mi padre se detuvo en el estacionamiento del hotel Nicollet.

—Papá, ¿y el partido?

—Iremos pronto, hijo. Sólo tengo que dar este pequeño discurso.

Además de su trabajo como ejecutivo publicitario, mi padre también era un orador profesional remunerado. Lo había visto en programas de variedades de la televisión local presentando personajes comerciales famosos que le correspondía posicionar: el muñeco de Pillsbury, Betty Crocker y el oso de la cerveza Hamms. Hablaba sobre la publicidad con un sentido del humor y una pizca de cinismo que siempre le ganaban la simpatía de sus audiencias.

Corrimos hacia el elevador y subimos al gran salón del hotel, donde cientos de empresarios de traje estaban sentados a la mesa. Un hombre estaba frente a la multitud finalizando su discurso preparado, y exactamente cuando mi padre me estaba sentando en la primera fila, el maestro de ceremonias anunció: "Ahora les tenemos una verdadera sorpresa. La Asociación de Marketing de Minnesota tiene el orgullo de presentarles al hombre que les va a explicar todo, desde la comercialización y el cuidado de marcas, hasta la razón por la que ponemos glaseado al pastel. Damas y caballeros, el señor Joe Ratner".

A diferencia del resto de los hombres de la sala, que portaban trajes tradicionales de empresario, mi papá tenía puestos unos pantalones rojos y un abrigo deportivo de estampado escocés, sin corbata. Era un hombre de aspecto imponente, un atleta, de pecho ancho y brazos grandes. Mientras los otros expositores sostenían en las manos sus discursos mecanografiados, mi papá tomó de su bolsillo del pecho un sobre arrugado, donde tenía notas, las colocó con cuidado sobre el atril y empezó a dar un discurso divertido e informativo sobre el estado de la publicidad. Yo estaba sentado viéndolo con orgullo desde la primera fila cuando me incluyó en su presentación.

—Bien, aquí está mi hijo de 13 años, Billy. ¿Te gustan los *hot dogs*, verdad, hijo?

—Sí —tartamudeé.

—¿Qué es lo que te gusta de ellos?

—Este… la mostaza… los pepinillos, la cátsup.

—Ven, mi hijo es consumidor regular… de condimentos.

La audiencia rio. La forma en que mi papá hablaba de su carrera era entusiasta y espontánea. Había llegado al "juego de la publicidad", como solía llamarlo, durante el periodo de crecimiento económico más grande que haya conocido Estados Unidos.

Después de la Segunda Guerra Mundial, la Gran Depresión terminó, los soldados regresaron a casa y tuvo lugar la explosión de natalidad de posguerra. Las fábricas bullían de actividad, los estadounidenses compraron casas nuevas y todo lo que iba en ellas: aparatos de televisión, lavadoras, secadoras y automóviles. Las revistas presentaron nuevos tipos de comerciales a cuatro colores brillantes, y el mundo de la publicidad se convirtió en el mejor lugar para una persona educada y emprendedora. Mi padre pasó de promover baños limpios en la gasolinera de Deep Rock a editar la revista *Better Homes and Gardens* ("B, H, y Sentimentalismo", como la llamaba), y de ahí a concebir el ascenso del imperio de la mezcla para pasteles de Betty Crocker en General Mills.

En los anuncios televisivos, remplazó a los locutores con tono de barítonos, pasados de moda, por actores. Le inyectaba humor a sus campañas publicitarias. Sabía que, durante un comercial, había que captar a las audiencias de inmediato o cambiarían de canal. La década de 1950 fue una época de enormes transformaciones en el mundo corporativo. Con las consolidaciones y compras, las compañías se estaban volviendo más grandes, al tiempo que sus vastas líneas de productos tenían que anunciarse para poder venderse. Procter and Gamble pasó de vender solamente jabón para manos a vender una gama de productos de limpieza de todos los tipos imaginables. Los anuncios empezaron a llenar las carreteras estadounidenses. Y, a medida que aumentó el número absoluto de comerciales, los publicistas los hicieron más ingeniosos y efectivos, mientras que las familias se pegaban a las televisiones y veían más publicidad que nunca antes.

Durante la temporada navideña, papá y yo fuimos de compras al centro comercial Southdale, en el sur de Minneapolis. Normalmente jovial y relajado, mi papá puso de repente su mano sobre mi hombro y señaló más allá del piso de mármol, frente a la tienda departamental Dayton.

—¿Conoces a ese tipo? —preguntó, señalando a un hombre de mediana edad que estaba parado frente a la vitrina de la tienda.

—Lo he visto en las fiestas de la casa —dije.

—Se dedica a lo mismo que yo. Tiene el mismo cargo, las mismas responsabilidades. Sabes en qué trabajo, ¿verdad?

Durante años había acompañado a mi papá a su trabajo los fines de semana. Era ejecutivo publicitario. Tenía una gran oficina, tenía juntas, hacía llamadas por teléfono, movía dibujos y fotografías por todo su escritorio, y hacía más llamadas telefónicas, mientras yo jugaba con los colores del departamento de arte.

Me agarró el hombro y señaló al hombre.

—El tipo es un ladrón. Un ladrón de ideas. Se roba las

ideas de otras personas y luego dice que son suyas. Te vas a encontrar con gente como esa en tu vida. Ten cuidado.

Nunca había visto a mi padre tan serio, tan alarmado y acusatorio. Me explicó que en el trabajo regularmente tenían sesiones de lluvias de ideas, en las que ejecutivos, escritores y artistas lanzaban propuestas que posteriormente le presentarían a los clientes (un proceso conocido para cualquier espectador fiel de *Mad Men*). Mi padre sostenía que este hombre y hombres como él escuchaban ideas durante la sesión y después aseguraban que eran suyas. Sabía que había una lección en alguna parte, de otro modo ¿para qué me habría hablado mi papá del ladrón de ideas? Luego siguió andando con el desenfado de siempre y fuimos a comprarle un regalo de navidad a mi mamá.

Durante días me estuve preguntando qué tenían de importante las ideas que este hombre supuestamente le había robado a mi padre. ¿La inteligencia combinada de los ejecutivos publicitarios más importantes era lo suficientemente importante para que alguien empezara a robar ideas desde dentro? Se trataba de ejecutivos poderosos y bien pagados, que estaban poniendo ideas en acción, un proceso que involucraba habilidad, inteligencia y planificación detallada, todo enfocado a un solo resultado: la venta de un producto al consumidor. Y parecía que todo estaba en contra del comprador.

Poco después, mi papá regresaba del trabajo una tarde, mientras mi hermano y yo hacíamos la tarea en la sala. Tomó la nueva edición de la revista *Time* y dijo:

—Éste se parece a mi jefe —aventó la revista al suelo y la pisoteó.

A mi hermano y a mí nos pareció muy gracioso. A mi papá le encantaba hacernos reír. Con el sombrero y el abrigo todavía puestos, y con el portafolio en la mano, se sentó en el sofá.

—Niños, sin importar lo exitoso que me he vuelto, sigo teniendo un jefe. No hagan lo que yo he hecho. Monten su propia oficina.

—¿Qué quiere decir eso? —pregunté.

—Quiere decir que empieces tu propio negocio. Que no trabajes para otras personas. En el viejo país, de donde vino su abuela, el velero o el sastre rentaban un local y colgaban una placa con su nombre en la que pintaban un símbolo que mostraba su oficio. Pero algunas veces llegaban hombres malos y los sacaban bruscamente por ser de una religión distinta. Así que el velero tenía que quitar su placa, empacar, irse al pueblo siguiente y volver a colgar su placa otra vez.

Mi padre siempre había trabajado para alguien más. No había seguido su propio consejo. Había una pizca de resentimiento en la manera en que nos contó a mi hermano y a mí esta historia. Nunca antes le había notado ese tono.

Ese mismo año volví a escuchar su cinismo. Tenía 51 años. Había hielo en el camino por el cual papá me conducía a la secundaria. Bajó la velocidad y tocó el claxon. Herb, el joven ejecutivo publicitario que compartía el auto con nosotros, subió y se acomodó en el asiento delantero. Se dejó el sombrero y los guantes. Era una mañana invernal y fría de Minnesota. Herb abrió su portafolio y sacó algunos papeles.

—Nos regresaron las pruebas del libro de cocina, Joe. Se ven muy bien.

Como director de mercadotecnia de la división de harina y mezclas de General Mills, mi papá supervisó la publicación del libro de cocina de Betty Crocker, una tradición anual de la compañía y una poderosa herramienta de *marketing* que se anunciaba en la televisión, se presentaba en las librerías y terminaba bajo los árboles de navidad de millones de amas de casa estadounidenses.

Mi papá miró de reojo el montón de papeles y le hizo seña de que los dejara a un lado.

—¿El librito de cocina? —preguntó, imitando un acento extranjero. Mi amigo Steve y yo reímos en la parte trasera.

—¿El qué? —preguntó el ejecutivo principiante.

—¿Librito de cocina? —continuo mi papá, cómicamente

inclinado sobre el volante, como si fuera un campesino conduciendo una carreta de burros.

El joven ejecutivo se veía confundido. Mi papá no lo estaba tomando en serio. No le interesaba una conversación seria sobre el libro de cocina de Betty Crocker. Siguió repitiendo, "librito de cocina", y Steve y yo seguimos riendo. Después de su último "librito de cocina", mi papá condujo callado el resto del camino hacia la escuela.

Aunque en el momento me pareció gracioso, por primera vez me pregunté lo que el futuro le deparaba. Ese año, mi papá tuvo el libro de cocina de Betty Crocker a tiempo, con la esperada promoción. Aunque debajo del orgullo y la alegría, mi padre ya no estaba enamorado del mundo de la publicidad. Había perdido su brillo. Estaba en el pináculo de su larga carrera como ejecutivo de mercadotecnia corporativa, pero mencionó que quería retomar su carrera de enseñanza. Había dedicado 30 años de su vida a la publicidad. Dar clases sólo le daría una fracción del salario que ganaba como ejecutivo, pero eso parecía no importarle.

Tristemente, no mucho después de su animada exhibición en el carro, llevando el humor al centro de su carrera en la mercadotecnia, él murió súbitamente de un ataque al corazón.

Para mi carrera seguí el consejo de mi padre. Exceptuando algunos años en que trabajé para una radiodifusora perteneciente a una corporación, he hecho carrera como locutor publicitario por mi cuenta. No estoy atrapado en una oficina de nueve a cinco. Mi papá estaría contento de saber que soy mi propio jefe. Aunque trabajo en esencia en el mismo negocio que él, el "juego de la publicidad". Si mi padre viviera todavía y pudiera ver todos los aparatos que me rodean a mí y a sus nietas, se divertiría, se asombraría y sería un poco cínico al respecto, estoy seguro.

Lo que aprendí de mi padre es lo que me permitió escribir este libro. Ver tele con mi papá fue una educación en sí misma. Mientras los programas y los comerciales pasaban, hacía críticas, análisis y voces graciosas. A menudo pienso en mi padre, especialmente cuando tengo la oportunidad de transmitirle a otros lo que me enseñó. Aprendí que la inteligencia combinada de miles de expertos en publicidad, altamente educados, se enfoca en un objetivo: usted, el consumidor. Mi padre vio por encima de las apariencias del mundo comercial, nosotros también debemos hacerlo.

Barbie 6

Me senté en el piso a jugar a las barbies con mi hija de 6 años, Arianna. Era 1993. Para alivio mío, no estaba demasiado interesada en las vastas colecciones de moda de Barbie, aunque definitivamente le encantaba imaginar diálogos.

—De acuerdo —dijo, sacando sus barbies medio vestidas de la caja de cartón para zapatos y las acomodó en el piso—, no tengo un Ken, lo que está bien, porque él es algo tonto, así que vas a ser, no sé… alguien.

—Tengo un G.I. Joe aquí a lado si crees que puede llevarse bien con Barbie —propuse.

—No, papá, G.I. Joe es tosco. No estamos jugando a la guerra, estamos jugando a las barbies.

Cuando jugábamos a las barbies, mi hija mandaba. Para dejar su autoridad perfectamente clara, Arianna le había quitado su ropa a la Barbie y la había acomodado en contenedores de plástico que abría para sus amigas.

Barbie le servía a mi hija para el mismo propósito que tuvieron los muñecos con los niños desde la prehistoria: son personajes maleables que emiten los diálogos creados por los niños imitando el drama de la vida. Los pequeños siempre han jugado con juguetes de forma humana. Los arqueólogos contemporáneos reportan que diversas figurillas exhumadas en sitios antiguos, alguna vez consideradas ídolos de deidades antiguas, son casi siempre muñecas y juguetes que los niños usaban de la misma manera en que se usan los modernos: para involucrar a los usuarios en la actividad tradicional de los niños: hacer creer.

El historiador cultural Max Von Boehn escribe en su libro *Muñecos*: "Si se busca la génesis de los muñecos, se encontrará (…) en una cualidad que es compartida tanto por las razas primitivas como por los niños, es decir, la habilidad de discernir formas humanas y animales".[19]

Los niños siempre han recogido varas, espigas de maíz, figuras talladas de forma rudimentaria, y "visto" en ellas un rostro humano, imaginando sus características humanas, dando vida al objeto mediante palabras y acciones imaginarias. Pero con los juguetes modernos cuidadosamente elaborados, el juego imaginativo de los niños puede verse limitado por la propia naturaleza del juguete y por la búsqueda de ganancia del juguetero. El G.I. Joe, de Hasbro, alienta la compra de un número ilimitado de figuras de acción y accesorios militares. La Barbie, de Mattel, motiva la compra en serie de ropa para muñeca.

Mis hijas se encuentran entre la vasta mayoría de niñas que poseen barbies. Mattel sostiene que 90% de las estadounidenses de 3 a 11 años tienen al menos una Barbie. Más de mil millones de estas muñecas se han vendido desde que salió de su línea de ensamble japonesa en 1959. Según se dice, cada 2 segundos en algún lugar del mundo se compra una nueva Barbie, 40% fuera de Estados Unidos. Esta marca vale más de 2000 millones de dólares, se ubica por encima de Armani y sólo detrás de la Corporación Dow Jones, lo que la convierte en la marca de juguetes más valiosa del mundo.

En la era anterior a este juguete, los fabricantes de muñecas sostenían la creencia de que los muñecos bebé fomentaban el instinto maternal en las niñas. Pero Barbie fue diseñada para un nuevo propósito. Su creadora, la señora Ruth Handler, cofundadora de Mattel, veía a su pequeña hija Barbara jugar con muñecas de papel más que con los muñecos bebé tradicionales. Prefería las de papel porque ella y sus amigas podían ponerles trajes intercambiables y crear modas con papel y tijeras. Éstas eran más grandes que los muñecos bebé, pero no podían estar de pie, sentarse o gesticular muy bien.

En la década de 1950 el mercado de juguetes de los Estados Unidos estaba dominado por marcas rivales de muñecos bebé. La muñeca elegante y en tacones miss Revlon usaba vestidos atractivos, pero como la mayoría de las muñecas que le hacían la competencia, tenía bracitos y piernas regordetes, además de mejillas redondas e infladas, como de bebé. La popular muñeca Boopsie, de la compañía Ideal, tenía cuerpo de plástico duro y articulado, cabello moldeado y pintado e iba vestida con un pañal de algodón cerrado con un seguro. Los fabricantes de juguetes trabajaban de acuerdo a lo que ellos consideraban que eran los deseos de las madres: que las niñitas deberían usar los muñecos y jugar con ellos para prepararse como madres. Los accesorios de Betsy Wetsy, de la compañía de juguetes Ideal, incluían mamilas, canastillas, una bañera y ropa para bebé. Y para las madres e hijas laboriosas, que querían hacer ropita de bebé para Betsy Wetsy, también venía con patrones de ropa. Para quienes querían que sus muñecas tuvieran funciones corporales —o, como advertía el empaque, "Hacer lo que se hace naturalmente"—, que requerían limpiarlas y ponerles pañales, estaba el muñeco Little Squirt, que lanzaba chorros de agua.

Pero Barbie no era un bebé. Al principio, su apariencia de adolescente madura fue un tropiezo para Mattel. El primer gran éxito financiero de la compañía fue una creación del cofundador Elliot Handler, la ametralladora Tommy, que disparaba cápsulas explosivas como una pistola de juguete tradicional, sólo que mucho más rápido, como una ametralladora automática; usaba un rollo de cápsulas en cuestión de segundos. Mattel supo aprovechar las oportunidades del mercado de juguetes posterior a la Segunda Guerra Mundial.

La publicidad sobre juguetes era virtualmente inexistente en la televisión de la década de los cincuenta, excepto en la temporada de compras prenavideñas. En la época de la creación de Barbie, los juguetes se anunciaban principalmente en los catálogos de tiendas, con anuncios dirigidos a los padres, no a los niños. El primer comercial televisivo de Mattel, para la ametralladora Tommy, salió al aire en el primer episodio de *El club de Mickey Mouse*, de Walt Disney. Mattel pronto se convirtió en el principal patrocinador de la exitosa franquicia televisiva de Disney. El comercial presentaba un *close-up* de toma continua en el que salía un niño llevando su ametralladora Tommy por la sala, mientras se imaginaba cazando elefantes en África. Al final del comercial, el locutor decía "No te preocupes. La ametralladora es tan segura que tiene el sello de aprobación parental". Aunque sus críticos sentían que el lanzamiento de la ametralladora Tommy, sorprendentemente realista, marcó el inicio de una nueva era en los juguetes, en la que el juego de los niños empezó a enfocarse en el propio juguete, como objeto maravilloso, más que un simple vehículo para hacer creer, cuando Barbie y sus muchos atuendos salieron de la línea de ensamble, se les acusó de lo mismo: estimular el consumismo en los pequeños más que el juego imaginativo con los muñecos.

Ruth Handler viajaba con sus hijos por Europa en 1956 cuando vio una muñeca sexy, de aspecto mayor y de 30 cm, en el aparador de un estanco de tabaco de Fráncfort, Alemania. Supo que el nombre de la muñeca era Bild Lilli, basado en el personaje de una tira cómica que se difundía en el popular tabloide alemán, *Bild Zeitung*. Bild Lilli se produjo como artículo promocional para los anunciantes de la revista. La muñeca resultó popular y su demanda aumentó. Era considerada un "juguete sexual", y se vendía principalmente a los hombres en las tiendas de tabaco y en los bares. Las mujeres la compraban para sus esposos como regalo de broma. Estaba vestida como el personaje homónimo de la tira cómica: una mujer trabajadora de la década de los cincuenta, coqueta, elegante, independiente, que no tenía miedo a mostrar sus opiniones. La muñeca tenía maquillaje en los ojos, faldas cortas, conjuntos elegantes y cabello que parecía verdadero, además de que podía peinarse y arreglarse. Venía con trajes y accesorios intercambiables. Por primera vez en la historia de la fabricación comercial de muñecas, tenía un busto bien desarrollado.

Para Ruth Handler, encontrar a Bild Lilli en el aparador de ese estanco de tabaco alemán fue uno de esos acontecimientos que cambian la vida. Bild Lilli encarnaba casi todo lo que la hija de Ruth y sus amigas querían de una muñeca, un juguete que las niñitas pudieran vestir, que fuera su igual, una amiga a la moda. Bild Lilli era una muñeca bastante desarrollada que se veía real. Handler compró 3 muñecas al tabaquero, le dio una a su hija Barbara y le llevó las otras a los diseñadores de Mattel. Handler se movió rápido, protegió los derechos para fabricar la muñeca en Japón y venderla en Estados Unidos. Le cambió el nombre a la muñeca por "Barbie", inspirado en su hija Barbara.

Ruth Handler pidió a sus diseñadores que la nueva muñeca tuviera una apariencia real.

Aunque era virtualmente idéntica a Bild Lilli, se llamaría "Barbie, la modelo adolescente" —una joven profesionista que usaba traje de baño con estampado de cebra, tacones y cola de caballo elegante, con cabello disponible en rubio y castaño—. Traía accesorios y varios trajes, así como los ojos maquillados y coquetamente rasgados. Después de que los diseñadores encontraron el vinil suave con el que podrían fabricar a Barbie, se produjeron debates encarnados en la sede de Mattel, en Hawthorne, California, sobre si debía tener o no pechos tan prominentes como los de Bild Lilli.

El esposo de Ruth, Elliot, sentía que los voluptuosos prototipos eran demasiado provocativos para el mercado de juguetes. Pero Ruth siguió adelante con la producción y contrató a modistas y costureras para que crearan 30 conjuntos intercambiables para Barbie. Debutó en la Feria de Juguetes de 1956, en Nueva York. La recepción fue variada.

En aquella época, la mayoría de los compradores de las tiendas de juguetes eran hombres que se mostraron sorprendidos, conmocionados por las caderas de adolescente madura de Barbie, sus piernas largas y su pecho, y además preguntaban: "¿Qué madre la va a comprar un juguete con esa apariencia a su hijita?". Las grandes tiendas de menudeo le dieron la espalda a Barbie. Fue un primer año difícil.

Impávida, Ruth Handler avanzó a grandes pasos. Contrató a un psicoanalista vienés, un refugiado de la Segunda Guerra Mundial, llamado Ernst Dichter. Por su experiencia en psicoterapia, Dichter conocía tanto la mente humana como el mundo de la publicidad, pues había hecho consultorías para los departamentos de mercadotecnia de los más grandes anunciantes de Estados Unidos. Basaba su práctica como consultor en la creencia de que los humanos eran impresionables, emocionales e irracionales.[20] Compramos cosas que no necesitamos, a veces a precios arbitrarios, y por razones ridículas: hace más de 100 años, Sigmund Freud sostuvo que la gente está gobernada por impulsos irracionales e inconscientes.

Dichter convirtió esta idea en una consultoría de un millón de dólares. Encomendado por Mattel, Dichter entrevistó a docenas de niñas pequeñas y a sus madres, y les preguntó sobre las objeciones que le oponían a la nueva muñeca. Las madres estaban conmocionadas con la apariencia madura de Barbie, pero las hijas no estaban de acuerdo. Sentían que Barbie, con sus muchos conjuntos y accesorios de moda, les ofrecía muchas más oportunidades de jugar con su creatividad que cualquier otra muñeca que hubieran visto. Les gustaba cambiarle la ropa, arreglarle el pelo y ayudarla a estar presentable ante el mundo. Con el apoyo de grupos focales, Dichter detectó que el mayor obstáculo para vender a Barbie era la resistencia de las madres. Así que pidió que se influyera en la manera en que era retratada por los comerciales para convencer a las madres de que, mediante su extenso guardarropa, les enseñaría a las pequeñas la manera de presentarse ante el mundo de una forma refinada.

Los primeros comerciales televisivos presentaron actrices preadolescentes jugando-actuando de clientas en una boutique para mujeres adultas, con un dependiente que les enseñaba muestras del amplio guardarropa de Barbie y decía:

—Todo, desde el guardarropa básico hasta las creaciones de diseñador más hermosas, ¿cuáles les gustan?

—Nos gustan todos —responden las niñas. Pero "todos" les hubieran costado mucho más de lo que hubieran podido comprar con su mesada.

Los anuncios de Barbie les decían a las niñas que cuando las estaciones cambian, también lo hace la moda, y para no quedarse atrás, debían comprarle a Barbie un nuevo guardarropa. Los anuncios televisivos de Mattel estimulaban el consumismo en serie al sugerir que el objetivo principal del juego era vestirla.

Barbie ha cambiado con el tiempo. En la década de 1960 usó ropa más casual. Con los setenta llegó Barbie Disco. En los ochenta, el famoso artista Andy Warhol hizo cuadros de Barbie, mientras que en los 90 llegó Barbie Tormenta del Desierto. Todos los más grandes diseñadores de moda del mundo —Christian Dior, Bill Blass, Oscar de la Renta, Vera Wang y Carolina Herrera— han diseñado ropa para Barbie. Además, en el mundo interconectado de hoy, Barbie se encuentra bastante cómoda, con una fuerte presencia en Internet. A la fecha, Barbie ha tenido más de 120 carreras —desde medallista olímpica de oro hasta una piloto de la Fuerza Aérea de Estados Unidos—, además de que ha representado 50 nacionalidades diferentes. Mattel reivindica muchas victorias personales entre sus admiradores debido a la "influencia positiva" de Barbie, como la de la niña que quería ser maestra de primaria luego de que su madre le comprara a la Barbie Maestra de Primaria; "la joven es ahora profesora de literatura en una prestigiosa universidad", sostiene Mattel. También pregona la historia de una admiradora de Barbie que la llevaba consigo durante todos los nacimientos de sus mascotas. Ahora la joven dirige una asociación humanitaria. Mattel asegura que Barbie les enseñó a estas niñas que podían ser lo que se propusieran.

Sin embargo, sus detractores aseguran que con esas piernas largas irreales, con esa cintura extremadamente estrecha y un busto prominente, Barbie es una destructora activa de la autoestima de las mujeres. Barbie y sus limitaciones físicas inherentes —brazos que no se doblan, un cuerpo que no puede sostenerse por sí mismo, piernas desproporcionadas respecto a su torso—, parecen tener mucho en común con las pinturas rupestres de las cavernas, una visión limitada de la anatomía humana. Los críticos sostienen que las niñas crecen convencidas de que no son lo suficientemente bonitas o queridas porque no se parecen a Barbie.

En su libro *The Good, The Bad, and The Barbie* [*El bueno, el malo y la Barbie*], Tanya Lee Stone escribe sobre "una historia de mercadotecnia brillante e incesante para niñas"[21]. Opiniones polarizadas y emociones fuertes han girado en torno a Barbie desde que salió por primera vez de la línea de ensamble de Mattel. Stone sondeó las opiniones sobre la muñeca a través de Internet, que terminaron en cientos de respuestas por correo electrónico —la mitad negativas y la mitad positivas—. Algunas mujeres rememoraban melancólicamente y otras furiosamente su relación con Barbie. El amplio rango de opiniones sobre ella muestran que se le considera lo mismo una herramienta positiva para la fantasía que una destructora de autoestima que, en conjunción con las opiniones de periodistas y escritores, presentan un retrato complejo y lleno de matices de 3 generaciones de consumidores de juguetes y un fabuloso éxito de ventas para Mattel.

En medio de los furiosos argumentos anti-Barbie y los sentimientos pro-Barbie, una de las opiniones más optimistas y realistas proviene de la periodista británica Ann Treneman, que escribió en *The Independent,* en 1999:

Las niñas toman algo irreal, como Barbie, y lo vuelven real a través tanto del juego como de la inocencia. Barbie puede ser en sí misma pasiva, pero no lo es el mundo que crean las niñas. Quizás es tiempo de que los adultos empiecen a ser sensibles al respecto. De lo que estamos hablando en realidad es de un pedazo de plástico con curvas que se las ha arreglado para conseguir estatus mediante décadas de mercadotecnia inteligente.

En 1993, un grupo clandestino de artistas de Nueva York formaron la Organización para Liberarnos de Barbie (BLO, por sus siglas en inglés), dedicada a exponer lo que consideran estereotipos sexuales transmitidos por las barbies y las figuras G.I. Joe. Miembros de BLO compraron 150 barbies que hablaban y 150 muñecos de Duke, un personaje de G.I. Joe, que también hablaba. Llevaron los muñecos a su sede, los despojaron de los vestidos y la ropa militar, intercambiaron sus chips electrónicos de voz, y crearon un ejército mutante de muñecos alterados quirúrgicamente. Recolocaron los muñecos cuidadosamente en su empaque original y, discretamente, los regresaron a los anaqueles de las jugueterías de todo el país.

La mañana de Navidad de 1993, los niños corrieron al árbol para ver que les había traído Santa.

—Mira, hijo, es el nuevo Duke que habla. Ábrelo, aprieta la bala sobre su bandolera y escuchemos lo que dice.

De la boca del G.I. Joe salió una risita afeminada:

—No soy muy buena en matemáticas. Chicas, ¿me acompañan a hacer compras?

Al mismo tiempo, al otro lado de la ciudad:

—Mira, mami, Santa me trajo la nueva Barbie que habla.

—¡Uy, qué genial, cariño! Presiona la bella esmeralda verde de su collar y escucha lo que dice Barbie.

Y Barbie dijo con una voz ronca y masculina:

—¡Ataca! ¡Ataca! Los hombres muertos no hablan. La venganza es dulce. ¡Muere, Cobra, muere!

Además de intercambiar los chips vocales de 300 muñecos,

dentro del empaque de cada uno, la BLO había colocado un manifiesto pidiéndoles a los consumidores que contactaran a los vendedores locales si estaban de acuerdo con que esos muñecos perpetuaban estereotipos sexuales dañinos. La BLO circuló un mensaje videograbado para la prensa con una Barbie ante la cámara que decía:

—Soy la Barbie adolescente que habla, la vocera de la BLO. Somos un grupo internacional de juguetes que nos estamos rebelando ante las compañías que nos fabrican. Nos hemos puesto en contra de nuestros creadores porque nos usan para lavarles el cerebro a los niños. Nos fabrican de un modo que perpetúa los estereotipos de género que tienen un efecto negativo en su desarrollo. Para corregir este problema hemos establecido nuestros propios hospitales, en los que nos hemos hecho cirugías correctivas nosotros mismos.

Medios nacionales y locales le dieron una cobertura extensa al acontecimiento. Entrevistaron a niños y padres. A los niños les causó gracia. Las reacciones de los adultos iban de sonrisas tenues a caras de desprecio. Ni Mattel ni Hasbro le encontraron la gracia. Hubo el mismo número de gente apoyando ambos lados de la discusión sobre los estereotipos sexuales. Además de la BLO, muchos artistas han hecho de las suyas con Barbie, para diversión de algunos y disgusto de otros. Algunos artistas que usan a Barbie como recurso para sus creaciones se encuentran en la página de Internet alteredbarbie.com, que presenta creaciones como "Barbie anciana y motociclista", "Barbie viuda negra", "santa Bárbara", y "Barbie no soy tu hija".

En 1994, Barbie celebró su cumpleaños 35. Después de docenas de carreras, videos, novelas, series de televisión, vehículos, casas y líneas de ropa, Mattel sintió que había llegado el momento para que Barbie tuviera una voz oficial. Convocaron a los mejores agentes de locutores publicitarios de Hollywood a que presentaran sus mejores prospectos. Chris Anthony-Lansdowne, de 35 años, ya estaba interpretando voces para diferentes líneas de juguetes. La audición de Chris estaba programada para el día en que ocurrió el terremoto de Northridge, California, donde ella vivía. Debido a lo anterior, el agua y la corriente fueron cortadas y las carreteras estaban atascadas, pero las líneas telefónicas funcionaban. Chris hizo audición para Barbie vía telefónica. A Mattel le gustó lo que escuchó. Acordaron una nueva llamada para el día siguiente. Aún sin agua ni electricidad, Chris se hizo una cola de caballo, se puso una gorra de beisbol y manejó hacia el sur por la 405, hasta la sede de Mattel, en El Segundo, California. La llevaron de la imponente escultura de Barbie, que dominaba la recepción, hasta la cabina de grabación. Media docena de ejecutivos de Mattel estaban sentados al otro lado del vidrio aislante.

Chris echó un vistazo al guión y se inclinó sobre el micrófono:

—¡Hola, soy yo, Barbie! ¡Te ves muy bien!

Los empleados de Mattel se miraron entre sí. El director presionó el altavoz en el cuarto de control y dijo:

—Chris, ¿podrías empezar mañana temprano? Nos gustaría que fueras Barbie por un tiempo.

Chris estaba emocionada. Recordó la época en que peleaba con su hermana por el derecho a ser la voz de Barbie cuando jugaban a las muñecas en su cuarto. A la mañana siguiente, Chris se presentó para trabajar. Su primer proyecto era Barbie súper habladora. Ya no era necesario poner el dedo en un anillo para jalar una cuerda que hiciera hablar a la muñeca; a Barbie le habían puesto un chip vocal electrónico y sofisticado. Había sido programada para decir más de 100 frases. Barbie súper habladora había estado en circulación durante años, su voz sonaba madura. La voz que hizo Chris era diferente. Era aniñada, sincera y entusiasta. Durante los siguientes 8 años, Chris grabó cientos de pistas vocales para las muñecas Barbie, juegos, series de televisión y comerciales.

Hoy, las Barbies siguen llenando los anaqueles de las tiendas de todo el mundo. Los créditos recientes de Barbie incluyen un musical en vivo que hizo una gira internacional, nuevas series para Internet y una película animada.

Barbie sigue siendo fundamental para Mattel, y las niñas de todos los continentes del mundo siguen jugando con ella.

Siempre se ha podido contar con la ingenuidad y la imaginación de los niños para amoldar los juegos con muñecos a sus propias necesidades. Pero cuando se visita los nuevos medios altamente controlados de Barbie, en shop.mattel.com, es posible ver que la página "Diseñado por mí" transporta a las niñas a un mundo virtual donde "visten" a una variedad de Barbies con conjuntos y accesorios digitales. Mientras la niña está en la computadora, ya no hay una muñeca en su mano. Además de las pocas opciones que ofrecen los diseñadores de los sitios de Barbie, no parece haber cabida para la imaginación. El carácter adictivo de los entornos computacionales para niños constituye un gran señuelo. Esto hace parecer que jugar con la Barbie pasada de moda parezca pintoresco y mucho más creativo que cambiarle conjuntos virtuales tecleando en el ciberespacio.

La prosperidad de las caricaturas: las crónicas de G.I. Joe

7

Tuve mi primer contacto con fanáticos de G.I. Joe en la tienda de cómics St. Mark, de Nueva York. Por curiosidad entré a la venerable tienda de cómics y eché un vistazo en los libreros atestados. Los últimos episodios de la caricatura G.I. Joe se habían producido 25 años antes, por eso imaginé que había pocas probabilidades de encontrarme alguna figura de G.I. Joe de aquella época. De todos modos le pregunté al joven dependiente:

—¿Tienes algo de G.I. Joe?

Me miró con una cara que decía "*¿Qué hace este tipo maduro acechando en mi tienda?*".

—No sé, quizás allá —indicó con desdén, señalando hacia el estante atestado donde estaban las figuras.

—Sí, lo veo, chico. Y saber es la mitad de la batalla. Flint dice: ¡Hey, Joe! —respondí sensatamente con mi voz de Flint, personaje de G.I. Joe.

El dependiente se me quedó viendo por un instante, luego se fue caminando rápidamente a la trastienda. Unos minutos después, reapareció trayendo consigo un cómic seminuevo dentro de una funda de plástico: *G.I. Joe: Un verdadero héroe estadounidense. Frente a frente con Destro.*

—Flint. Lo siento, no sabía quién eras, así que te busqué

en Google. Me gustaría regalarte este cómic, junto con un descuento del 10% en toda la mercancía de la tienda, de por vida.

Tenía un fan. La actitud del joven había pasado de la desconfianza a la admiración cuando supo que era la voz de uno de los personajes de G.I. Joe. Hablé del incidente con mi esposa e hijas. Les causó gracia. Yo estuve pensando en la situación durante días. ¿Qué había influido en este joven tan profundamente? ¿Cuál era su vínculo emocional con una caricatura de hacía casi 30 años?

Una tarde brillante de agosto, en la campiña de New Hampshire, en 2008 —muchos años después de la premier de la caricatura G.I. Joe—, me senté en el pasto frente al comedor del campamento Windsor Mountain con una docena de adolescentes. Estaba dando una clase sobre temas relacionados con los medios. Hablamos de lo que los adolescentes veían en la televisión, cuánto tiempo pasaban en línea, si veían los programas de televisión en sus teléfonos inteligentes y lo que pensaban sobre los comerciales.

Zack, un chico regordete, de pelo rizado y 13 años, era fan de G.I. Joe. Poseía una colección amplia de figuras, así como de los DVD de la caricatura.

—¿Cuánto dinero crees que valen todas las figuras de G.I. Joe y sus vehículos de ataque? —le pregunté a Zack.

Zack se frotó las manos, empezó sus cálculos con entusiasmo y contestó:

—Me imagino que si cuentas a todos los miembros del equipo G.I. Joe (y son un montón) y le sumas los vehículos de ataque, quizá valgan 1 000 dólares.

Bebe, una chica alta en segundo de secundaria, de Brooklyn, Nueva York, puso los ojos en blanco.

—Más —dijo—. Simplemente la muñeca de Lady Jaye cuesta 16.99 dólares.

Zack replicó:

—Esa muñeca es de la película *G. I. Joe: el origen de Cobra*, tonta. Estamos hablando de las figuras de acción originales de Hasbro TV: Flint, Duke, Scarlett y Lady Jaye, no las de la película.

Bebe se rascó la barbilla y dijo:

—Mi mejor cálculo es que son aproximadamente 1 800 dólares.

Zack se río burlonamente y contestó:

—Eso en dinero de los ochenta. Para los estándares actuales, con eBay y todo eso, lo más probable es que sean 5 000 dólares.

Este es el tipo de conversación que verdaderamente emociona a los ejecutivos de mercadotecnia corporativa. Mientras nuestro grupo de jóvenes consumidores calculaba cuánto costaría tener la colección completa de las figuras y los vehículos de G.I. Joe, casi podía escuchar a la distancia el sonido de las campanas de NASDAQ anunciando el precio de las acciones comunes de Hasbro.

Para cerrar la tarde, les pedí a los chicos que improvisaran un *sketch* sobre el poder de la televisión.

—¿Quién quiere ser la televisión y quién quiere ser el espectador? —pregunté.

Zack se puso de pie y adoptó una pose heroica.

—La tele no es de carne y hueso —objetó dramáticamente—. No tiene una mandíbula con dientes filosos, ni piernas musculosas con garras. La televisión es esencialmente una caja, una herramienta ruidosa e incansable, operada por corporaciones tan poderosas que quedamos indefensos ante sus pixeles potentes e hipnotizantes rojos, verdes y azules que nos cautivan al mirar. Como en *Alicia en el país de las maravillas*, la televisión nos arroja del otro lado del espejo mágico. Cada siete minutos, el drama que está en la pantalla se detiene para que nos muestren comerciales que se meten en nuestros cerebros. La televisión existe para vendernos botanas. Nos sentamos frente a ella, pasivos, hambrientos, necesitados de estímulos. Le pertenecemos a la televisión, y somos su presa.

Cuando terminó de hablar, Zack hizo una reverencia ante los aplausos entusiastas del grupo.

Bebe se quitó los lentes, se acercó a Zack y dijo:

—Atrás, monstruo. No somos tus esclavos. Eres un barco fantasma tapando mi horizonte. Acechas, juzgándome, al igual que a los otros que atraes. Y como en un sueño, me sincero contigo, desierta, inconsciente y adormecida. Pero estoy llena de esperanza, porque haces que sea mejor de lo que soy. Acaricias mis ojos y mi corazón, yo sucumbo. Quiero que me moldees, trasquiles y transformes en lo que me digas que puedo ser. Y compraré. Consumiré. Estoy desnutrida y sedienta, y tú eres mi pozo de esperanza. Me ofreces el sueño del amor y de la compañía.

Hubo más aplausos del grupo de adolescentes, los cuales, cuando llegó el tiempo de hablar, criticar y externar sus impresiones sobre los medios electrónicos, tenían sentimientos y opiniones sólidos. Parecía que entendían de qué se trata la televisión, demostrando una conciencia que cambiaría sus hábitos de espectadores y les permitiría entender sus motivos, además de valorarlos con ojo crítico. Pero al mismo tiempo, con su evidente saber mediático, estos chicos se mostraban acríticamente hipnotizados por los personajes y los juguetes de una caricatura antigua.

En 1982 hice una audición para la voz de Flint, también conocido como suboficial Dashiell R. Faireborn, en la caricatura *G.I. Joe*, de Hasbro TV. Los episodios de estuvieron al aire en las cadenas que las adquirían y en retransmisiones durante casi 20 años en Estados Unidos y Gran Bretaña, así como durante 2 años en Hong Kong; antes de que funcionarios de televisión de la República Popular de China se dieran cuenta de que G.I. Joe era una fuente de ganancias y desecharan el audio en inglés. Cuando Flint pronunciaba,

"¡Hey, Joe!" en China, lo que salía de sus labios heroicos era mandarín.

Nacido de la pluma del escritor y animador Larry Hama, empleado de Hasbro, Flint, el personaje animado de *G.I. Joe*, tenía una biografía ficticia impresionante: era un académico de Rhodes, que se había graduado en literatura inglesa, además de haberse graduado con honores de la escuela de aviación, de la de los Rangers de Texas, de la de fuerzas especiales y de la de vuelo para suboficiales, y también era un genio de la táctica militar. Flint era el soldado que soñaba ser en mi infancia, cuando jugaba con mis soldados de plástico verde pardo de la Segunda Guerra Mundial. Hasbro reclutó a los mejores escritores y animadores de series y caricaturas de Hollywood para que produjeran a los personajes del equipo G.I. Joe. Y Hasbro cautivó totalmente al mercado de juguetes con las figuras de acción de Flint, Lady Jaye, Scarlett, Duke, Comandante Cobra y Destro, por nombrar a unos cuantos de los joes y a sus enemigos cobra.

Millones de fanáticos jóvenes corrían de la escuela a la casa, las tardes entre semana, para ver a sus personajes favoritos en los episodios de la caricatura. Los jóvenes espectadores acudían en tropel a las tiendas de cómics y las jugueterías para comprar los muñecos de G.I. Joe más recientes, al igual que los vehículos, videojuegos, juegos de mesa, sombreros, playeras, loncheras y papalotes, lo que tuvo como consecuencia el aumento meteórico del precio de las acciones de Hasbro a principios de la década de los ochenta.

El primer día de grabaciones vocales en el estudio de Wally Burr, en Studio City, California, los actores de voz se pusieron en fila frente a los micrófonos mientras la asistente de producción de G.I. Joe nos dio algunos consejos financieros.

—Me indicaron que les aconsejara comprar acciones de Hasbro —dijo, mientras nos pasaba nuestros guiones.

Alguien estaba tratando de hacernos un favor, pero a fin

de evitar cargos por comercio interno, no podían revelar que, junto con el lanzamiento del programa de televisión *G.I. Joe,* Hasbro había planeado un implantación masiva de los juguetes y las figuras de acción de G.I. Joe. Si en el otoño de 1982 cada uno de nosotros hubiera comprado 1 000 dólares en acciones comunes de Hasbro, dichas acciones hubieran valido 25 000 dólares en unos cuantos años. ¡Ay, la pena de la retrospectiva!

Entonces la asistente anunció:

—Nadie muere en G.I. Joe.

—¿Nadie muere?, pero si es una caricatura de guerra —dijo uno de los actores de voz grave.

—Hay asociaciones de padres involucradas —explicó—, y no quieren que sus hijos vean una caricatura donde los personajes caigan heridos y mueran.

Entonces, cuando un miembro del equipo Joe o un enemigo cobra sale disparado al cielo, desaparece en paracaídas por el horizonte y reaparece en algún episodio posterior o desaparece de la caricatura. Combatir el terrorismo global con tantas armas tan geniales y tiroteos masivos, ¿y no muere nadie? ¿Cómo le hacen? Estaba impactado por el poder que tenían los padres para influir en las tramas de Hasbro. Pero el *show* debía continuar.

En el caso de G.I. Joe, las asociaciones de padres habían empezado a seguir activamente las noticias de espectáculos relacionadas con las producciones televisivas para niños. Su preocupación surgía de la evidencia de que los niños imitan la violencia y las acrobacias que ven en la televisión. Los científicos sociales y los psicólogos desconocen los efectos a largo plazo de la exposición prolongada a la violencia televisiva en los espectadores jóvenes. Se especula que jugar videojuegos violentos y ver programación televisiva violenta puede volver a los niños más temerosos del mundo e insensibilizarlos ante la violencia del mundo real.

Los padres alzaron la voz y Hasbro los escuchó. Los grupos de presión que organizan boicots de productos, programas, cadenas y corporaciones bien publicitados y con una larga tradición en Estados Unidos, causan que se les hiele la sangre a los ejecutivos de medios y que hagan cambios para apaciguar dichos boicots. Como resultado de la intervención de los padres, nadie muere en G.I. Joe.

La FCC aprobó el Acta de Televisión Infantil en 1990, que exige a las estaciones y cadenas de televisión que monitoreen su programación dirigida a los niños con el fin de detectar violencia y otros elementos negativos en la programación. El acta también exigía a la televisión que proveyera programas educativos para ellos. Pero muchas asociaciones de padres sentían que el acta era ineficaz, que las estaciones y cadenas en realidad habían reducido su compromiso con la televisión educativa y simplemente clasificaban sus programas comerciales como "didácticos".

Lo que condujo a la producción de la serie televisiva G.I. Joe, y al lanzamiento inicial de los juguetes, fue uno de los planes más cuidadosamente calculados para incrementar la venta de juguetes en la historia de sus ventas. Después de décadas de éxitos intermitentes con marcas como Romper Room y el Señor Cara de Papa, Hasbro batalló en los setenta con el interés decreciente por su marca G.I. Joe. La asociación negativa con la guerra de Vietnam, aunada al éxito descomunal de la marca Star Wars, habían debilitado las ventas de Hasbro. Originalmente, G.I. Joe era una figura de acción de 30 cm, similar en tamaño a la legendaria Barbie, de Mattel. Éste G.I. Joe era mucho más caro de producir que las más pequeñas y lucrativas figuras de acción de 15 cm que George Lucas empezó a vender después del estreno de la primera película de Star Wars, en 1977.

Stephen Hassenfeld, presidente y director general de Hasbro, miembro de la tercera generación de este corporativo dirigido por su familia, quería encontrar algo para poder competir con la taquillera marca Star Wars, de George Lucas.

Así que Hassenfeld, el escritor y animador Larry Hama,

y el gerente de productos de Hasbro, Kirk Bozigian, hicieron una lluvia de ideas. Querían que sus muñecos de G.I. Joe fueran más baratos para los consumidores jóvenes que los de Star Wars. Si George Lucas había hecho los suyos de 15 cm de alto, Hasbro haría los suyos a 9.5 cm, reduciendo los costos de fabricación considerablemente. Querían anunciar las nuevas figuras de G.I. Joe no sólo en los comerciales de televisión, también dentro del propio programa.

Se atravesaba en su camino la FCC y sus severas regulaciones en pro de los niños de los comerciales televisivos. George Lucas no estaba restringido por dichas reglas porque sus personajes salían en las películas, no en la televisión. ¿Cómo podría evadir Hasbro las severas regulaciones de la FCC?

A principios de los ochenta, los anunciantes nacionales y las cadenas televisivas estaban sintiendo los efectos de una recesión económica y buscaban alivio. Encontraron un aliado en la Casa Blanca. Antes de ser elegido gobernador de California, la carrera actoral de Ronald Reagan en Hollywood pendía de un hilo. Pero encontró nuevos jefes en el sector comercial: los anunciantes de la televisión nacional. Se convirtió en el presentador de la popular serie *General Electric Theater*, lo que implicaba hacer giras en las plantas de GE, dar discursos a nombre de la compañía y aparecer en películas promocionales. Más adelante, presentó la popular serie *Death Valley Days*. Reagan era un comunicador atractivo y hábil ante las cámaras, fue elegido para competir por la gubernatura del estado de California, y, pronto, fue electo presidente de Estados Unidos.

En 1982, cabilderos diestros, empleados de las televisoras y los anunciantes nacionales presionaron al presidente Reagan, a la FCC, y a la Comisión Federal de Comercio para que hubiera mayor libertad en los anuncios de la programación infantil. Washington estuvo de acuerdo, por lo que hubo un cambio de reglas. Broadcastlawblog.com escribe al respecto: "En los ochentas, la FCC veía la competencia en el mercado como una justificación para la desregulación".

Durante décadas, profesionales de los medios, educadores y expertos en desarrollo infantil han considerado que los niños menores de 7 años son incapaces de establecer la diferencia entre los comerciales, la ficción de los programas y la realidad en la televisión. Eso le da a los anunciantes una ventaja injusta sobre los espectadores jóvenes. De forma que, en los cuarenta, la FCC redactó directivas para limitar la publicidad televisiva dentro de los programas dirigidos a los niños, con la prohibición de la publicidad de figuras de acción dentro del programa en que aparecía el personaje anunciado.

Hasbro se enteró de que no era ilegal hacer anuncios televisivos de un cómic que mostrara las figuras en un programa de televisión. Hasbro se acercó a las compañías de cómics con una oferta tentadora. Si publicaban un tiraje de los cómics de G.I. Joe, ellos transmitirían anuncios televisivos bien producidos sobre los cómics durante los episodios. Los editores de cómics no tenían presupuesto para anunciarse en la televisión, así que cuando los ejecutivos de Hasbro contactaron a los ejecutivos de Marvel Comics con esta oferta inusual, Marvel dijo que sí. Y nació una de las campañas de publicidad para la televisión infantil más atrevidas e intensas.

Los artistas de Hasbro y de Marvel trabajaron para aumentar el tamaño del equipo de G.I. Joe a más de 100 personajes diferentes. Los escritores prepararon guiones, los animadores se las ingeniaron para que los episodios duraran más, y las imprentas de los cómics se pusieron en acción, con lo que produjeron docenas de ediciones de los cómics de G.I. Joe para Hasbro.

Larry Hama, experimentado escritor y animador de Hasbro, diseñó y escribió los nuevos comerciales de televisión para los cómics de G.I. Joe, publicados por Marvel, que se expondrían dentro de los episodios. Tanto los comerciales como los episodios de la serie fueron fotografiados con un nivel de pericia en la animación tal, que nunca antes se había visto en la tele algo similar.

Dentro de cada nuevo episodio, Hasbro exhibía su comercial de los cómics de G.I. Joe, presentando las figuras del equipo G.I. Joe dando saltos por la pantalla bajo un aura de gloria y apaleando heroicamente a los malos de Cobra. Las figuras de G.I. Joe, los vehículos y los paquetes que incluían ambos impactaron en los anaqueles de las tiendas como una explosión. G.I. Joe se convirtió en el juguete ideal de todo vendedor, con una mercadotecnia tan exitosa y poderosa que las acciones comunes de Hasbro se volvieron una mina de oro para los corredores. Todo se debía a unos cuantos plumazos en Washington, DC, y una estrategia de *marketing* brillante por parte de Hasbro.

Hasbro decidió crear un programa de televisión de calidad. Reclutaron a la compañía de animación de Hollywood, Producciones Sunbow, para que se encargara de la producción física de los episodios de G.I. Joe, y no escatimaron en gastos. Contrataron estudios de anime japonés, en Tokio, para que proporcionaran asistencia técnica en los procesos de animación que eran novedosos dentro de la tele estadounidense, como las técnicas fílmicas de acercamiento, paneo e inclinación. Walt Disney aprendió a dominar técnicas fílmicas de animación que no se usaban en la tele por cuestiones presupuestales. Hasbro quería que sus nuevos programas para la televisión se parecieran más a las películas y menos a las caricaturas estadounidenses más simples. Me viene a la mente *Clutch Cargo*, en la cual sólo las bocas de los personajes se mueven mientras ellos permanecen rígidos, por no decir inmóviles, ante los mismos telones.

Inicialmente, Hasbro produjo una miniserie de G.I. Joe, de 5 episodios, que presentaba a un puñado de personajes de los equipos Joe y Cobra. La respuesta de los espectadores jóvenes fue instantánea. Los ratings fueron espectacularmente exitosos para los 5 episodios y las ventas de juguetes de G.I. Joe se dispararon. Después de la miniserie,

Hasbro transmitió durante 4 años los episodios animados de G.I. Joe y en 1987 una película animada, *G.I. Joe: la película*, protagonizada por Don Johnson, de *Miami Vice*, como la voz del teniente Falcon. Los actores de voz recibieron cheques de regalías, a través del Gremio de Actores de Pantalla, durante casi 20 años, pues los episodios de G.I. Joe se retransmitieron repetidamente, abarcando dos generaciones de espectadores.

El casting de voces para G.I. Joe que realizó Hasbro fue una de las audiciones vocales más largas en la historia de Hollywood. Recibí la llamada de mi agente para presentarme un martes por la mañana. En un día caluroso del sur de California, los actores hicieron fila fuera de los estudios de grabación Wally Burr, en el bulevar Ventura, al oeste de los estudios Universal. La fila de actores de voz que iban a hacer audición desbordaba la puerta, las escaleras y daba vuelta a la esquina. Sobre la banqueta, docenas de actores estudiaban las páginas de su guión y ensayaban sus líneas, vociferando órdenes militares, gruñendo y gimiendo como si estuvieran peleando a muerte con enemigos imaginarios. Hasbro les había proporcionado a los actores dibujos de los personajes. Estábamos haciendo audición para ser héroes —el equipo G.I. Joe— y tipos malos empeñados en destruir el mundo, los miembros de una organización terrorista internacional llamada Cobra.

Un gruñido suave y sobrenatural salió de la garganta de una bella joven, que estaba atrás de mí en la fila, tenía la ceja arrugada por su concentración intensa.

—¡Estás condenado, Comandante Cobra! —respiró profundo y gritó hacia nadie en particular—: ¡Hey, Joe!

—¿Para qué papel estás hacienda audición? —pregunté.

—Lady Jaye —respondió sin aliento—. Es una agente de contrainsurgencia altamente entrenada. Me llamo Mary. ¿Tú?

—Flint... quiero decir, Bill. Me llamo Bill.

Eché un vistazo al dibujo de mi guión. Flint era un

soldado guapo de aspecto heroico, con traje de camuflaje, boina negra, un rifle automático de aspecto peligroso y grandes músculos pectorales. Definitivamente no era un casting de aspecto, puesto que yo era un locutor de radio panzón, de 35 años, deseoso de conseguir un papel vocal en la nueva caricatura de Hasbro.

En una audición de voz hay menos en juego que en una audición ante las cámaras, en la que la cara, el pelo y la forma corporal del actor se escudriñan. Los actores vocales no tienen que parecerse a los personajes para los que están haciendo la prueba; sólo tienen que sonar como ellos. Su trabajo es darle ilusión a la realidad.

Finalmente llegué al principio de la fila y me llamaron para que fuera a la cabina de doblaje. El estudio Wally Burr era espacioso y cómodo. Las paredes estaban forradas de piel y había más micrófonos de los que nunca había visto en un estudio.

—Toma el micrófono número 7 —dijo Wally por el altavoz.

Estaba sentado detrás de una consola mezcladora grande, rodeado de ejecutivos de Hasbro y Sunbow, escritores y animadores que le susurraban instrucciones que traducía en órdenes cortas y concisas para los actores. Wally tenía una voz grave e imponente, algo así como la que Flint debía tener.

—Bien —dijo Wally—, en esta escena Flint está luchando por su vida. Está combatiendo cuerpo a cuerpo con un dragón prehistórico que lo tiene atrapado y está a punto de hundir sus colmillos en su cuello.

Miré por última vez el dibujo de mi personaje de agente especial musculoso.

—De acuerdo, tu turno. Éste es Bill, como Flint, toma 67A.

Vociferé las pocas líneas que tenía en 10 segundos. Wally apretó el botón del altavoz.

—Más rápido, más alto, más fuerza desde tu garganta. Lo que dirijo es realismo, amigo. No me vas a engañar con drama. Fui el comandante más joven de la Segunda Guerra Mundial, capitán Wally Burr, así que conozco estos asuntos de primera mano. Muestra todo lo que tienes. Toma 67B.

Tensé mi garganta y volví a gritar mi diálogo.

—Bien. Esto suena más convincente. La tercera es la vencida. Aplícate a fondo en ésta. Toma 67C.

Cerré los ojos, gruñí y carraspeé, de alguna manera esperaba aplausos, pero me encontré con silencio. Nadie estaba poniendo atención. A través del vidrio aislante, vi a Wally y sus acompañantes riendo y sorbiendo café. Mi audición había terminado.

—Siguiente —gritó una asistente que le hacía señas a la joven que conocí en la fila y estaba haciendo audición para el papel de Lady Jaye, la pareja romántica de Flint en la caricatura.

Una semana después de la audición recibí una llamada de mi agente.

—Conseguiste el papel de Flint —dijo.

Pensé: "Está bien, es trabajo por un tiempo y unos cuantos cientos de dólares en mi bolsillo por pararme ante un micrófono y vociferar órdenes militares". No tenía idea de que haber sido elegido como la voz de Flint resultaría en el golpe de suerte más grande que experimentaría en mi carrera dentro del mundo del espectáculo.

Trabajé en *G.I. Joe* durante 2 años, en más de 50 episodios. Flint incluso apareció en unos cuantos episodios de *Transformers*. Grabábamos en grupos grandes para poder dar un sentimiento de conjunto. Interpretar a Flint era un trabajo divertido.

Vi cómo G.I. Joe se convirtió en una serie de juguetes inmensamente exitosa para Hasbro. Actualmente, la campaña de mercadotecnia de G.I. Joe sirve como modelo de negocios para lo que quieren lograr con sus jóvenes audiencias quienes venden por Internet. Los personajes que cobraron vida en *G.I. Joe* plantaron las semillas de una lealtad duradera hacia las marcas entre los espectadores. Los niños que veían *G.I. Joe* se reúnen ahora que son adultos, junto con sus hijos, en las convenciones de coleccionistas de los juguetes G.I. Joe para intercambiar sus figuras de acción, recordar y conocer a quiénes dan voz y crearon a sus personajes favoritos.

Me invitaron recientemente para que hablara en la Convención de coleccionistas de los juguetes G.I. Joe, conocida por los expertos como JoeCon. Hasbro se dio cuenta del entusiasmo permanente que suscitaba la marca G.I. Joe, así que le dio una licencia a la JoeCon, que anualmente se realiza en una ciudad diferente de Estados Unidos y consiste en la presentación anual de nuevas figuras de acción, un centro de convenciones, stands, conferencistas invitados, seminarios, cenas y, lo más importante, un lugar para que los fans de G.I. Joe se reúnan. Han organizado páginas de Internet, clubs de fans, *podcasts*, y tiendas en línea que venden figuras de acción de G.I. Joe coleccionables, vehículos y paquetes en los que se incluyen ambos. Los fans de los *Transformers,* de Hasbro, funcionan de manera similar en su universo paralelo.

En el *lobby* del hotel J.W. Marriott, en el centro de Indianápolis, se reunieron docenas de hombres y mujeres, muchos de ellos usaban uniformes militares. La actriz de voz Mary MacDonald-Lewis, quien personificaba la pareja romántica de Flint, Lady Jaye, estaba ahí, luciendo exactamente como luce su personaje en la caricatura —botas militares, camisa verde pardo con charreteras y el pelo castaño corto, con un peinado discreto y atractivo—. Nos llevaron a Mary y a mí como invitados de la JoeCon, donde teníamos programado firmar autógrafos, impartir seminarios y convivir con los fans de G.I. Joe durante la convención de 2 días. A lo largo de los años he recibido invitaciones para otros eventos de G.I. Joe, pero no estaba convencido de dejar a mis clientes de locución para asistir a una convención de juguetes. No tenía idea de qué pintaba ahí.

En el *lobby*, vi a Lady Jaye hablando con sus fans. Mary y

yo nos conocíamos desde que coincidimos en la fila durante las audiciones de G.I. Joe, a principios de los ochenta, y habíamos visto a nuestros hijos crecer. Lady Jaye y yo nos saludamos y nos dimos un abrazo. El lugar se quedó en silencio. Docenas de adultos vestidos con trajes de camuflaje se nos quedaron viendo sorprendidos. Ante sus ojos, Lady Jaye y Flint habían cobrado vida.

Tomé la mano de Mary y anuncié:

—Damas y caballeros, el legendario amor persiste. ¡Hey, Joe!

Aplaudieron. La JoeCon había empezado. Además de invitar a Lady Jaye y a Flint, JoeCon también invitó al escritor y animador Larry Hama, así como al antiguo gerente de productos de Hasbro, Kirk Bozigia, veteranos de la televisión y los mercados de juguetes. A lo largo del fin de semana pasamos de la mesa de autógrafos a los *stands* y a las cenas y conversamos con docenas de fanáticos de la caricatura. Hablé con veteranos de las guerras de Iraq y Afganistán, que habían llevado a sus familias a la JoeCon. Toda la gente que conocí ese fin de semana fue muy amable conmigo.

El centro de convenciones estaba lleno de *stands* que vendían playeras de G.I. Joe, pósters, figuras de acción coleccionables en su empaque original, vehículos de acción hechos a mano y personalizados, figuras de acción modificadas que habían sido esmeradamente desarmadas y rearmadas, como las figuras de Santa Claus militarizadas, y una variedad de nuevos personajes uniformados. Cientos de fans se formaban frente a las mesas de autógrafos y nos pasaban ilustraciones, tarjetas, imágenes de Flint y Lady Jaye, además de empaques sin abrir de figuras de acción viejas y nuevas. Firmamos autógrafos durante horas. Algunos fans querían autógrafos personalizados para sus amigos y familia. Otros vendían los artículos autografiados en Internet. Un hombre volvía repetidamente a las mesas de autógrafos con bolsas de diversos artículos de G.I. Joe. Con mucho tacto le pregunté:

—¿Vendes todo esto en eBay?

—Sí, espero subastar todos estos artículos la semana que viene. Con esto pago la renta.

Me alegraba ayudar a este hombre con su hábito de coleccionar y vender juguetes de un programa de televisión que había significado tanto para mi carrera. Tontamente, sólo había coleccionado unas cuantas piezas de Joe: un póster de la miniserie inicial y unas cuantas figuras de acción de Flint y Lady Jaye, así como una botella de champú que tenía por tapa la cabeza de Flint, un regalo que mi hija me había dado en Navidad.

Estaba muy conmovido por la atención y el nivel intenso de lealtad que los fans nos mostraron a Mary y a mí. Me sentí un poco incómodo por recibir un grado de atención que personalmente no creía merecer.

Tuve que ser cuidadoso y poner mi ego en observación, así como recordarme a mí mismo que no éramos Mary ni yo a los que realmente querían ver. Lo que los atraía eran las voces de Flint y Lady Jaye, los personajes de la serie.

En la mesa de autógrafos, un joven me dijo:

—Mi esposa se enoja conmigo porque mientras le ayudo a preparar la cena para los niños los escucho a ustedes en los audios de mis videos VHS de *G.I. Joe*. Me gusta escuchar sus voces.

Un hombre en los 40 años se me acercó en el pasillo del salón, antes de la cena del sábado por la noche, y me dijo:

—Sólo quiero agradecerle por estar aquí con nosotros este fin de semana y enseñarnos cómo vivir.

Me sentí confundido. No soy un ministro o un gurú. Soy un actor que da voz a las caricaturas. No sabía cómo responder.

—¿A qué te refieres con enseñarnos a vivir? —le pregunté.

—Ya sabes, todos esos anuncios de servicio público que hacía G.I. Joe, en los que Flint aparecía, hablando sobre moral, ética, robar, mentir y esas cosas.

Recordé una sesión de grabación de *G.I. Joe* en la que

un productor me entregó unos cuantos anuncios de 30 segundos.

—No te pagamos extra por esto —dijo el productor—, así que ni lo intentes. Algunas asociaciones nacionales de padres se subieron al carro anti-G.I. Joe, así que te haremos narrar los anuncios de servicio público de *G.I. Joe*. Son guiones en los que, por ejemplo, un niño estrella un balón contra una ventana y luego dice que fue su hermana. Tu personaje, Flint, llega en un jeep y le dice al niño que es mejor decir la verdad, como si fuera el honesto Abraham Lincoln.

Les leo libros de Walt Disney a mis hijas en voz alta y me siento frustrado con los débiles y torpes intentos de Disney por moralizar a los lectores. Pero el joven que estuvo frente a mí aquel día en la JoeCon no era irónico. Hablaba en serio.

Otro fan me dijo:

—Espero que sepas que eres directamente responsable de que un buen número de nosotros nos convirtiéramos en paramédicos y militares.

No tenía idea del efecto que este programa de televisión había tenido en una generación de gente que lo veía devotamente todos los días.

La noche del sábado se nos pidió que asistiéramos a la cena de la convención y que conviviéramos con los invitados. En el salón principal me senté con un grupo de fans, y evité mencionar que era uno de los invitados.

—Chicos, ¿se dan cuenta de que están frente a la voz de Flint? —dijo uno de mis acompañantes.

Se hizo un silencio en la mesa. Para desviar algo de atención, me dirigí hacia Beverly Perkins, la madre del joven que estaba frente a mí en la mesa. El chico daba muestras de un conocimiento enciclopédico sobre la producción y los detalles sobre *G.I. Joe,* así como de muchas otras series de televisión y de cómics.

—Señora Perkins, ¿qué siente de que su hijo adulto sea todo un experto en *G.I. Joe*?

—Bueno, tanto mi hijo Troy como yo somos maestros de primaria. Con ayuda de la colección de figuras de acción de G.I. Joe que posee Troy, he aumentado el nivel de lectura en mis clases de inglés de tercero de secundaria.

Barbara Perkins enseña en una escuela de Pittsburgh, Pennsylvania. A fin de elevar el nivel de sus alumnos de inglés llevó al salón los cómics, las figuras de acción y los DVD de *G.I. Joe* de Troy.

—Y mis estudiantes empezaron a leer. No me importaba que fueran cómics, porque ya estaban leyendo. Y los dejaba hacer creativos juegos con las figuras de acción. Tenemos los viernes de G.I. Joe. El nivel de lectura de mis estudiantes ha aumentado más del 50%.

Estaba sorprendido por la historia de Barbara Perkins. Su método para enseñarle a leer a los de tercer grado usando una caricatura popular, figuras de acción y cómics en el salón de clases era bastante novedoso. Habla no sólo de la inventiva de una maestra dedicada, sino también del poder creativo del juego infantil.

Más tarde, esa misma noche, me senté con el antiguo gerente de productos de Hasbro, Kirk Bozigian, quien orquestó la campaña de ventas espectacularmente exitosa de los juguetes G.I. Joe en los 80. Hablamos de las compañías de videojuegos de la actualidad y supuse que tenían el mismo tipo de éxito con sus ventas auxiliares de juguetes que las que tuvo Hasbro con su línea de G.I. Joe. Los juegos de computadora y los de video son enormemente exitosos.

Me sorprendí cuando Bozigian me dijo:

—Los jugadores no compran juguetes. Juegan sin parar. Los niños solían ver un episodio de 30 minutos de *G.I. Joe* por día. Con la finalidad de que los niños pudieran mantener la atmósfera del equipo Joe, compraban los juguetes y se divertían con ellos. Los jugadores no, se la pasan así 24 horas, los 7 días de la semana.

La explicación de Hearing Bozigian sobre los hábitos de juego en Internet de los niños y su falta de entusiasmo hacia los juguetes fue aleccionadora. Hace que G.I. Joe parezca inocente a su lado. Cuando la industria de los juegos les quita a los niños el incentivo para participar en actividades creativas, los pone en una posición precaria, sentados en sus computadoras y consolas de juego, participando en guiones preestablecidos, mirando la pantalla sin pestañear.

El mundo de la publicidad televisiva

8

Conduje hasta el predio de ABC-TV, ubicado en East Hollywood, para leer anuncios publicitarios de los Premios de la Academia. Estaba emocionado; el niño en mi interior se frotaba las manos y brincaba de alegría. ¡Cielos, los Oscar! Me senté frente a un micrófono negro y tubular, un Sennheiser 416. El productor del comercial me entregó el guión. El estudio de concreto, llamado Post 2, estaba ubicado en un edificio anodino color crema de un solo piso, detrás de las puertas del viejo predio de los Estudios Prospect que alguna vez albergaron a Vitagraph Studio y que fue donde Al Jolson protagonizó *El cantante de jazz*, la primera película hablada de Estados Unidos. El productor del comercial, el ingeniero de audio y el jefe de producción ocupaban sillas de oficina frente a la consola de sonido con luces parpadeantes, botones deslizables y controles digitales.

El productor del comercial se me quedó viendo un momento.

—Esperen un segundo —dijo—, ¿no eres el tipo que no deja ver televisión a sus hijas?

—Bueno, vemos videos y películas algunas veces.

—A ver si me explico, ¿no dejas ver televisión a tus hijas, pero te pagamos para que le digas a la gente que vea la televisión?

—Correcto. Lo que pienso es lo siguiente —dije, y me dispuse a comenzar mi discurso..

El resto del equipo se reclinó en sus asientos, percibiendo que sobrevendría un debate.

—Tengo 2 trabajos —le dije al productor del comercial. Estaba improvisando. Nunca me habían confrontado de esa manera. Trataba de sonar racional y coherente—. En primer lugar, soy padre, y francamente, considero que los niños están mejor entre menos televisión ven. Ellos tienen tarea por hacer.

El productor tenía los ojos en blanco. O estaba aburrido o no entendía.

Continué:

—En segundo lugar, soy anunciante, dispuesto a leer tu comercial al aire, siempre y cuando no abogue por el libertinaje, la destrucción o la muerte.

—Bueno, pues algunos de nuestros programas sí que lo hacen.

—¿Los Premios de la Academia?

—No, no directamente.

Los técnicos del estudio habían empezado a ver sus relojes. Estábamos sobre la hora. Realmente no me importaba si el productor estaba de acuerdo conmigo o no. Le había enunciado mi filosofía sobre los medios: trabajo como anunciante, pero también soy padre.

Y como padre tengo mis dudas sobre el entretenimiento electrónico. De niño amaba la televisión, pero incluso entonces sabía que la veía mucho. Cuando tenía 9 años, mi hermano mayor, Pete, intentó tomar cartas en el asunto. Me llevó hasta su cuarto y señaló el librero lleno de libros: *Doctor Doolittle*, *Tom Swift*, *Los misterios de los hermanos Hardy*.

—¿Ves eso?, se llaman libros —explicó—, los leo, hacen que mi cabeza funcione. ¿Tú? Tú eres un adicto a la tele, estás enganchado a la caja idiota. Todo lo que haces es sentarte frente a ella. Vas a terminar convertido en un retrasado.

Me quedé callado, no tenía un contraargumento. ¿Funcionó su regaño? Claro que no. Seguí viendo programas como *Dragnet*, *77 Sunset Strip*, *Gunsmoke*, y el interminable flujo de programas que las televisoras ponían en pantalla. Fui un niño de la era de la televisión.

En mi primer día en el kínder, mi papá nos compró nuestra primera televisión. Arrastró el aparato grande y pesado a la sala y lo conectó.

—Hijo, gira la perilla en el sentido del reloj, así; espera a que haya calentado, y ahí la tienes: la tele. Pero no la veas tanto o se te van a salir los ojos.

Me quedé viendo el mueble de caoba oscura. La pantalla tenía la forma de una ventanilla de barco. Giré la perilla, el aparato empezó a crepitar y a resonar. Después de muchos segundos de espera, apareció la imagen en blanco y negro de un hombre vestido con overol de ingeniero ferrocarrilero que dijo:

—Soy Boxcar Bob, y volveré con más títeres, caricaturas y más diversión después de este mensaje.

Entonces se escuchó una voz incorpórea:

—Este mensaje comercial durará 60 segundos.

60 segundos. Contuve el aliento mientras un Oldsmobile 88, nuevo, atravesaba la pantalla transportando a una familia de 4 que saludaba por las ventanas. Corrí a la cocina.

—Mamá, sé qué es un minuto: 60 segundos.

—Eso es, cariño. ¿Lo aprendiste en el kínder? —preguntó, sacudiéndose cáscaras de papa del delantal.

—No, lo dijo el hombre de la tele.

—Ah, ¿Boxcar Bob?

—No, era un hombre invisible.

—Ah, el anunciante —dijo.

El anunciante… la voz del anunciante había penetrado en mi conciencia: seria, confiable, tranquila, digna e inteligente. El poder que mis padres tenían sobre mí, sobre mi conducta, mis pensamientos y mi desarrollo como ser humano se lo habían cedido involuntariamente a la caja idiota, a la nodriza de vidrio, al vasto desierto de la televisión. Así, formé parte de la primera generación de nuestra especie que fue criada por una máquina, una RCA Victor de 17 cm, modelo 7-T-122.

La tarde siguiente volví a encender la tele, y esa vez lo que apareció fue el corredor oscuro de una casa lóbrega del centro. Había 2 títeres vestidos como gánsteres, con sombreros de fieltro negros y trajes arrugados, acechaban a cada uno de los lados de la puerta del departamento, con sus pistolas desenfundadas. Un agente del orden con mandíbula cuadrada, que tenía una placa policiaca y un sombrero de hongo, abrió la puerta. El detective Fosdick Fearless. Los malos abrieron fuego. El agente se tambaleó y se abrió el saco. Su pecho estaba expuesto y tenía agujeros de bala humeantes. La novia del detective, Eunice Pimpleton, corrió por el pasillo, seguida por la casera, la señora Flintnose. Los malos salieron rapidísimo hacia el vestíbulo. La señora Flintnose frunció el ceño por la sangre sobre la alfombra.

Eunice Pimpleton gritó:

—¡Ay, Fosdick, Fosdick, te dispararon!

—Es sólo una rozadura, querida. No te preocupes por mí. Voy a atrapar a los imbéciles que lo hicieron.

Sonó cierta música de misterio.

Una voz anunciaba:

—Sintonice nuestra próxima emisión para otro episodio de *Fearles Fosdick*.

Las luces tenues centellaron sobre las cuerdas de los títeres cuando Fosdick e Eunice Pimpleton se tomaron de la mano y avanzaron por el corredor de la manera errática en que lo hacen los títeres.

Fearless Fosdick fue la primera serie de tipo policíaco que presentaba títeres. Cada semana durante un mes vi el programa. Estaba enganchado, pero una semana ya no apareció. En su lugar pusieron un episodio de *The Adventures of Spin and Marty*. ¡No! Yo odiaba ese programa. ¿Dónde estaba Fosdick?

—Papá, *Fearless Fosdick* no está, ¿qué pasó?

Mi padre se recargó en el sillón.

—Cálmate, hijo. Lo averiguaremos. Pásame el periódico. Vamos a revisar las listas de programación —escudriñó el periódico y arqueó la ceja—. Lo siento, hijo. Parece que *Fearless Fosdick* salió del aire.

—¿Salió del aire?

—Hijo, recuerda lo que te digo. La calidad no cuenta en la televisión.

Mi corazón se encogió. Sentí una decepción tremenda.

—Papá, ¿qué quiere decir eso?

—Quiere decir que si *Fearless Fosdick* no obtiene un buen índice de audiencia, se acaba el programa.

—Pero es lo mejor de la tele.

—Hijo, tú y yo estamos en venta. Somos telespectadores y si no pueden venderle suficientes de nosotros al patrocinador, acaban con el programa. Puede que nunca vuelvas a ver a Fosdick, y puedes culpar a los patrocinadores.

Pero me agradaban los patrocinadores. Hacían todos esos comerciales divertidos. ¿Los patrocinadores habían matado a Fosdick Fearless? Con esas pocas palabras de sabiduría, mi padre me transmitió una actitud escéptica ante los medios para toda la vida: la sospecha de que el mercado electrónico no considera mis intereses como prioritarios. A medida que la llamada Edad de Oro de la televisión se esfumaba y que los vendedores de masas se apoderaron de la televisión, la advertencia de mi padre sobre la mediocridad creciente del entretenimiento electrónico se confirmó.

La lectura para comerciales es un trabajo rápido, de entrada por salida. Menos de media docena de personas se reúnen por poco tiempo para una sesión de grabación —el productor de la agencia publicitaria, el publicista, el cliente, el ingeniero de grabación y los locutores—, muchas veces sólo por teléfono. Todo está listo en menos de una hora.

Otro producto vendido, otra serie de televisión publicitada, otra película promovida. Luego viene el encargo siguiente, el patrón siguiente. La locución publicitaria es, ante todo, un arte comercial. Es comisionada por el mercado. A excepción de la actuación vocal para proyectos animados, la locución publicitaria consiste en palabras escritas en una página que se pronuncian con un propósito: vender algo.

Anunciar, consumir y producir mantienen la economía en movimiento. Los consumidores caen bajo la influencia de la publicidad, compran cosas y las fábricas se mantienen activas. Así es la vida en Estados Unidos. Pero ¿por qué no sentía nostalgia por los buenos momentos que pasé en el trabajo: las amistades, la diversión de los proyectos publicitarios de Hollywood y de Madison Avenue? Lo estuve pensando durante meses. Cuando hago mi trabajo no estoy creando un bello cuadro para mirar, una silla lujosa para que la gente se siente o un suéter cómodo para vestir; estoy ayudando a crear un mensaje que insta a los consumidores a comprar.

La escritora Gertrude Stein dijo sobre Oakland, California, su ciudad natal: "Ahí no hay *ahí*". Me pregunto si se puede decir lo mismo de los comerciales. Aunque sigo haciendo lectura publicitaria hasta la fecha, este ambiguo sentido del vacío que tengo respecto al mercado publicitario me llevó finalmente de regreso a la universidad, a los 46 años, y a crear programas de conciencia mediática para colegiales, así como a estudiar escritura creativa. Recuerdo que mi padre se refería a algunos de los escritores de su agencia publicitaria como "escritores frustrados".

—¿Qué es un escritor frustrado? —pregunté.

—Hijo, es alguien que quiere escribir la gran novela estadounidense, pero en realidad escribe comerciales de *spray* para el cabello.

En las estaciones de televisión, mi trabajo es narrar anuncios publicitarios para los noticiarios. Éstos son la parte más lucrativa en la franja horaria de una emisora. Las emisoras locales deben pagar por las series y los programas de horario estelar como *Dr. Phil* o *Ellen*, pero una emisora también tiene que producir sus propios programas, vender publicidad durante los noticiarios y obtener ganancias. Cuentan con escritores de publicidad para la tele y con productores que dialogan con los editores de noticias sobre las historias importantes del día, a fin de decidir cuáles promover ante los espectadores. Estos promocionales buscan convencer a los espectadores de que continúen sintonizando la historia que sigue.

Una vez estaba en el predio de KABC-TV, en Los Ángeles, alistándome para grabar uno de esos promocionales para el noticiario de las 5. Era la víspera de año nuevo. La historia estelar era un asesinato sangriento cometido por pandillas en un parque de atracciones local, seguida de una sección ostentosa sobre la moda para los festejos de año nuevo.

> Esta tarde en el noticiero de las 5: ¡Asesinato en un parque de atracciones local! Hablaremos con los familiares de las víctimas. Luego, ¡el ajuar de noche vieja! Las tiendas estarán abiertas, todavía puede vestirse para Año Nuevo sin gastar mucho. Esta tarde a las 5.

Algo estaba mal con ese promocional. La transición entre las historias resultaba insensible con las familias de las víctimas del asesinato. Le sugerí a la productora que cambiáramos las historias, que empezáramos con los vestidos de fiesta y termináramos con los asesinos del parque de atracciones. Se le quedó viendo al promocional, sacudió la cabeza y dijo:

—No, limítate a leerlo como está escrito.

—¿Pero no te parece que es una falta de respeto a las familias hacer a un lado su dolor con una historia sobre vestidos de fiesta?

Volvió a ver el texto.

—Tan solo hagámoslo como está.

No iba a ceder. Quizá sentía que la estaba criticando. Y yo ciertamente no quería que le dijera a su jefe:

—El locutor se niega a leer el promocional.

—Mira, voy a leerlo —dije—. No te estoy proponiendo que lo reescribas. Sólo que cambies las dos historias. Así no sonará tan espeluznante.

Volvió a ver el texto nuevamente y negó con la cabeza. Quizá sintió que perdería impacto si hacía lo que yo proponía. Quizá no quería terminar el promocional de manera deprimente. La filosofía vigente en los noticiarios locales es "si sangra, encabeza". Las historias de horror atraen a los espectadores de forma mucho más efectiva que las historias felices. En consecuencia, vemos fundamentalmente historias de horror en las noticias, y ésas son las historias que recordamos.

Las emisoras de televisión sacan el mayor provecho de los noticiarios locales, por lo que hay más de 6 horas de programación noticiosa en casi todas las estaciones locales de televisión. En caso de emergencias o de catástrofes climáticas, pueden ser muy útiles para los espectadores. De otro modo, los noticiarios locales son, por lo general, una mezcla de asesinatos, destrucción, accidentes y terrorismo. Un artículo de la cadena PBS/SoCal sobre los noticiarios locales, llamado "El juego de los *ratings*", dice:

Los anunciantes han realizado estudios donde se revela que las historias relacionadas con el crimen interesan a los espectadores, lo que incrementa la presión sobre los noticieros para que incluyan más de esas historias en su programación nocturna.[22]

Estudios han mostrado que entre más noticiarios se vea, más se le teme al mundo. Todos hemos leído encabezados como: "Abogado dice que el asaltante de bancos de 9 años fue influenciado por el crimen de la televisión"; "Adolescente muerde a 11 personas, culpa a *Crepúsculo*", o "Adicto a los videojuegos muere por una trombosis venosa profunda". Lenore Skenazy, madre de 2, escribió el libro *Free-Range Kids: Giving Our Children the Freedom We Had without Going Nuts with Worry* (*Niños libres: demos a nuestros hijos la libertad que tuvimos sin volvernos locos*), donde dice que los medios y los anunciantes están fomentando una histeria nacional entre los padres sobre la seguridad de los niños con el fin de vender noticiarios televisivos y productos.[23]

De hecho, a pesar de toda la violencia y destrucción que reportan, Steven Pinker, psicólogo de Harvard, en su libro *The Better Angels of Our Nature: Why Violence Has Declined* (*Los mejores ángeles de nuestra naturaleza: por qué la violencia ha decaído*), escribe que las estadísticas muestran que nos estamos volviendo menos violentos como especie en el siglo XXI.[24] La cuestión fundamental es que los niños están viendo algo más que la televisión, y lo están viendo demasiado. Puede que tengan una televisión en su cuarto, también que tengan sus propios teléfonos inteligentes, tabletas, *laptops* y dispositivos de juego. Un artículo en la sección de educación del *New York Times* citó un estudio de la fundación Kaiser Family: "El joven estadounidense promedio pasa en la actualidad prácticamente cada minuto de vigila —exceptuando el tiempo en la escuela— usando un teléfono inteligente, computadora, televisión u otro aparato electrónico".[25] ¿Qué efecto tiene esto sobre la mente de los niños? ¿Qué está haciendo con su habilidad para aprender, para relacionarse con la familia y los amigos, para funcionar en el mundo?

En el hogar estadounidense promedio, la televisión está encendida 8 horas diarias. Aunque los niños generalmente no les ponen mucha atención a los noticiarios locales, hay buenas probabilidades de que su hijo esté viendo al menos algo de esa destrucción de forma regular. Esto plantea una pregunta importante: ¿qué tan cerca está vigilando lo que ven sus hijos?

El brillante encanto de los medios

9

A los 10 años estuve a punto de incendiar mi casa. Todas las tardes regresaba de la escuela y me dirigía hacia el buzón de la entrada, a donde llegaba la correspondencia. Estaba impresionado por la correspondencia. Era una muestra de poder. Si tenías la habilidad de atraer tanto correo como mi padre, eras una persona poderosa, un imán de correspondencia.

Debido a que mi padre trabajaba como publicista, nuestra casa estaba llena de revistas y catálogos. Teníamos televisiones en casa, pero las revistas desempeñaron un papel igualmente importante para provocarme una obsesión temprana con los medios. Llegaban revistas nuevas todos los días por correo: *National Geographic, The Saturday Evening Post, Time, Newsweek, Mécanica Popular, Readers Digest, Life, Deporte Ilustrado, Golf, Radio & tv, The New Yorker* y *Medical Digest.* Llevaba las revistas y los catálogos a la sala, olía la tinta y me le quedaba viendo a las fotos lustrosas del Himalaya, de los inviernos canadienses, así como a los modelos en los anuncios de ropa, automóviles y perfumes franceses.

Los anuncios eran lo que me atrapaba. En mi armario escondía mi colección privada de fotos de modelos. Las recortaba de las revistas y los periódicos, las mantenía escondidas dentro de un camión UPS, de 60 cm y de metal, que a su vez estaba dentro de la habitación falsa detrás de la pared de mi habitación. Pasaba horas ahí, viendo mi colección alumbrado por una vela; anuncios de lencería en papel periódico arrugado donde aparecían las mujeres más hermosas del mundo.

¿Era apropiado para un niño de 10 años? Mi mamá no lo veía así. Una tarde regresé de la escuela y vi mi camión sobre la mesa del comedor.

—Billy, tenemos que hablar —dijo.

Me habían descubierto.

—No estoy enojada, no se lo voy a enseñar a tu padre, pero tus fotos no son apropiadas para un niño de 10 años.

—Mamá, las saqué del periódico.

—Lo sé, querido, pero el conjunto es lo que esperarías encontrar en una fraternidad universitaria, no en la habitación de un niño de cuarto año.

Me devolvió el camión, pero no las fotos. Mi colección de anuncios un tanto llamativa había hecho que entablara experiencias profundamente personales e intimas con completos desconocidos. Con esas páginas de revista comencé a experimentar el poder hipnótico de la figura humana. Debido al encanto de la fotografía, y a que era un niño con una imaginación activa, viví relaciones imaginarias con modelos, estrellas de cine y figuras públicas. Mientras recorría esas caras, adoraba a cada una, y algunas veces me preguntaba: "¿Le gustaré?"

"El nuevo Elizabeth Arden mantiene el cabello en su lugar con un toque ligero…" "No, ésta no. Ella se ve distante, antipática", y cambiaba de página.

"¡Tan fresca! ¡Tan fragante! ¡Tan maravillosamente segura! Barra desodorante Blue Grass…" "Ah, quizás ésta de mejillas rosadas. Se ve amable, amistosa. ¿Te gusto?", me preguntaba.

Algunas veces una cara en particular coincidía con mi gusto, entonces la añadía a mi colección de fotos. Cuando veía la tele me ponía a examinar las caras de los actores, presentadores y voceros comerciales en busca de un significado personal, una relación, eso que los programadores y anunciantes de la tele esperaban que hiciera. Así es como los medios cumplen con su propósito, mantenerte cerca y venderte cosas: cereales, ropa nueva, cremas para la piel, y viajes a lugares exóticos. Me imaginaba poseyendo las cosas que veía en las fotos. Empecé a desprender todo tipo de cupones, a llenarlos con mi nombre y dirección, para finalmente mandarlos. Pronto recibí casi tanta correspondencia como mi padre.

Una foto de miss Wisconsin apareció un domingo en la sección "Estilo" del *Minneapolis Sunday Tribune*. Papá me había enseñado a leer el periódico, pero realmente lo leía menos de lo que me quedaba viendo las fotos. La foto de miss Wisconsin ocupaba casi un cuarto de página, grande en relación con la cantidad de texto al pic de la imagen: "La nueva miss Wisconsin es Margaret Wells. Originaria de Spider Lake, una agradable comunidad agrícola al sur de Wisconsin Dells. La señorita Wells aparece con el traje de baño por el que fue premiada en un certamen reciente en Milwaukee".

Miss Wisconsin era hermosa: cabello oscuro y labios que yo imaginaba rojo rubí (era una fotografía en blanco y negro). Usaba zapatillas negras de tacón alto y un traje de baño blanco de una pieza. Su piel era suave y sin manchas. Si Verónica, del cómic *Archie*, cobrara vida, sería como ella. Miss Wisconsin se me quedaba viendo con el brazo alzado detrás de su cabeza, su mano acunando su cuello en una pose teatral aunque relajada.

Puse la sección "Estilo" en la mesa del comedor y llevé un par de tijeras de la cocina. Mis padres leían en la sala, si no hacía ruido no se darían cuenta de lo que estaba haciendo. No tendría que responder preguntas como "¿Por qué estás recortando el periódico? Todavía no hemos leído la sección 'Estilo', Billy. ¿Qué estás haciendo?".

Por accidente me di cuenta de que el papel periódico puede romperse con una línea recta casi perfecta de arriba a abajo de la página. Si rasgaba la página de lado, el resultado sería un corte irregular. Tomé las tijeras zigzag de mamá y empecé a cortar en dirección al borde inferior de la foto, dejándole a miss Wisconsin espacio suficiente, pero la tijeras de metal pesadas resbalaron de mis dedos y la página se rasgó, se rasgó verticalmente, siguiendo la delgada línea negra que separaba a miss Wisconsin de los anuncios de boda. No fui uno de esos niños que en el kínder recibió la evaluación "Muy bueno con las tijeras", pero ella estaba intacta. Subí corriendo las escaleras con ella bajo el brazo. Antes de colocarla junto al resto de mi colección, le eché un último vistazo a miss Wisconsin en su traje de baño blanco y plisado, con sus tacones negros. Su pelo oscuro y labios pintados me recordaban a la tía Caroline, tradicional aunque totalmente femenina.

En la esquina trasera de mi armario había una entrada a un pasaje estrecho de 1.8 m; conducía detrás de la pared a un espacio sin ventanas, del tamaño de un cuarto pequeño. Compartía con mi hermano mayor, Pete, el tercer piso de nuestra casa estilo colonial de ladrillo rojo. En su habitación él tenía un armario, pero debido a una rareza arquitectónica yo tenía 3. En uno tenía mi colección de cómics, que tenía sobre todo a *Archie, Daniel el travieso,* así como a *Superman* y *Batman,* de DC Comics. El segundo armario contenía mi estación de radio AM de 5 watts, WCLO, tenía el cableado. Pete y sus amigos iban seguido a mi cuarto y hacían peticiones musicales: "Pon un disco de Elvis", "Pon *Heartbreak Hotel*", yo era el único DJ en activo que conocían.

Dentro de mi tercer armario, detrás del uniforme escolar y los pantalones de mezclilla, estaba la entrada a la habitación falsa. Para entrar tenía que arrodillarme, cuidarme de las astillas y arrastrarme sobre los tablones de madera hacia la oscuridad. Olía a pino y creosota. Cuando llegué al final del corto túnel, encendí un cerillo. Había yeso seco entre los tablones de madera. Fajos de periódico amarillento sobresalían de la pared y rellenaban los huecos entre las capas de yeso. Me pareció bastante irresponsable que los trabajadores hubieran atascado periódico en las paredes de una casa de madera. Podría incendiarse. Al parecer nadie había estado dentro de la bodega desde que la casa se había construido en 1925. Yo era el único de la familia que conocía su existencia. Me sentía poderoso y perfectamente solo.

—¡Billy!

La voz apagada de mi madre atravesó la pared.

—Billy, tenemos que ir a comprar ropa para la escuela.

Apagué el cerillo. La oscuridad absorbía el ruido de mi respiración.

—Vamos, sé que estás aquí. Te escucho. ¿Billy? Sal de ahí.

Me quedé sentado y no dije nada. Finalmente escuché el sonido de mi madre que bajaba las escaleras. Encendí otro cerillo y lo acerqué a la mecha de una vela navideña, de niño de coro, que había guardado de las fiestas. La mecha ardía en la punta de la vela y una gota de cera descendía sobre su atuendo eclesiástico blanco y rojo. La vela derramaba mucha luz, la suficiente para iluminar el torso de miss Wisconsin. Ella estaba en el piso, doblada y plegada. No quería desdoblarla, me daba miedo que se rompiera. Bajo la luz de la vela se veía distorsionada, no tan bonita como antes. Vi como la cera de la vela caía al piso y desaparecía entre los tablones.

De repente, el piso estaba en llamas. En pánico, salí gateando de mi escondite y llevé una taza con agua del baño. Volví a arrastrarme y arrojé el agua al piso. Seguía ardiendo. Recordé la caricatura del oso Smokey que salía en la televisión y en la que él decía: "Tú también puedes evitar los incendios forestales", al tiempo que apagaba una fogata con una cobija. Yo llevaba puesta la sudadera nueva de mi hermano, de los Gophers de Minnesota. La jalé sobre mi cabeza y la arrojé sobre el fuego una y otra vez, empapando de cera la prenda favorita de mi hermano. El fuego se extinguió.

Por suerte, Miss Wisconsin resultó ilesa. Sin embargo, mi ánimo había decaído. El escondite estaba lleno de humo, había estado a punto de incendiar mi casa. Levanté el techo de metal de mi camión y con cuidado puse de nuevo a Miss Wisconsin junto al resto de mi colección. Volví a arrastrarme hasta mi habitación y bajé las escaleras.

—¿Dónde estabas? —preguntó mi madre.

—Estaba guardando cosas —mi mente se apresuró para encontrar una explicación creíble a por qué no le había respondido cuando me llamó—. Y tenía los audífonos puestos. Estaba escuchando mi radio de transistores —dudé que me creyera.

Ahora que soy adulto, recibo muchas revistas y catálogos, y aunque sea vergonzoso admitirlo, sigo mirando a las modelos. Además de que siguen cobrando vida ante mí. Se lo atribuyo al poder hipnótico de la fotografía comercial. Las fotos de catálogo de modelos y celebridades están diseñadas específicamente para envolverte, para atraerte. La próxima vez que usted vea un ejemplar de *Vanity Fair*, de *us*, de *People* o del catálogo de *L. L. Bean*, mire con más atención las caras. Lo están viendo, ¿no es así? Claro, de hecho están viendo a la cámara, pero el objetivo de la foto es hacerle sentir que lo están viendo directamente. Eso se aplica a la publicidad en cualquier medio, desde las carteleras hasta las ventanas emergentes que aparecen en su teléfono inteligente. Se supone que debe sentirse cercano a los sujetos. Y entre más cercanos nos sentimos, más cerca estamos de abrir nuestras carteras y comprar lo que sea que vendan nuestros amigos especiales. Para un niño esto es bastante peligroso. De joven, yo estaba listo para comprar cualquier cosa que los medios electrónicos quisieran venderme. Por suerte para mí, en eses entonces no había Internet para estar mirándolo día tras día.

Si me hubiera convertido en un fotógrafo comercial, podría decir que el tiempo que pasé metido en un escondite mal ventilado mirando fotos de las revistas valió la pena. Pero viendo en retrospectiva, pienso que mi tiempo hubiera estado mejor invertido en un campo de juego.

En los ochenta fui titular de un programa matutino, en el 104 FM, KBIG Los Ángeles. Siempre estaba en busca de historias. Asistí al vigésimo aniversario luctuoso de Marilyn Monroe, en el cementerio Westwood, cerca del campus de la UCLA, no muy lejos del más bien modesto *bungalow* donde la encontraron muerta de una sobredosis de drogas, el 5 de agosto de 1962. En el cementerio había una multitud, algunos vestidos de luto, diversos vestidos negros y velos largos. Había limusinas con actrices —o aspirantes a actrices, no estoy seguro—, que descendían en la entrada del cementerio con tacones negros brillantes, sosteniendo un pañuelo contra el pecho. Un hombre vestido de pastor empezó un sermón a un lado de la tumba, a pesar de que no había tumba en sí. Los restos de Marilyn habían sido colocados en el nicho de una pilastra, detrás de una placa de mármol blanco veteado con su nombre y fechas tanto de nacimiento como de muerte.

A mi lado estaba parado un hombre sobre el pasto que llevaba una bolsa de compras grande llena de fotos enmarcadas de Marilyn. Yo tenía pocos años en Hollywood, así que inocentemente creí que ese hombre debía haber sido su amigo o al menos miembro del equipo de producción de sus películas en la Twentieth Century Fox.

—¿Trabajó con Marilyn? —pregunté.

—Ah, no, ojalá lo hubiera hecho. Es sólo que la admiro mucho.

—Tiene muchas fotos de ella.

—Sí, hoy me traje algunas. Son tantas que debí dejar el resto en casa.

Me imaginé a este tipo, de apariencia modesta, sentado en su departamento en algún lugar de la vasta cuenca de Los Ángeles, rodeado de docenas de fotos enmarcadas de Marilyn Monroe, adquiridas en tiendas de recuerdos en el bulevar Hollywood o arrancadas de las páginas de *Modern Screen*, *Photoplay* o *Life*. Me recordó la magra colección de fotos que mantenía oculta en la habitación falsa que estaba detrás del armario de mi infancia. Aunque no había estado obsesionado por estrellas de cine (simplemente me interesaban las mujeres en general), pensé que en realidad era lo mismo. Este hombre sin pretensiones, con pantalones casuales y en camisa, que había llevado parte de su colección de tesoros fotográficos, estaba practicando una versión sofisticada de lo que hice cuando tenía 8 años. Este coleccionista de imágenes de Marilyn había creado una relación.

No conocía a Marilyn en realidad, pero en su imaginación ella ocupaba el centro, y a pesar de que no podía ver su departamento —quizá tenía un pequeño santuario de fotos dedicado a su madre—, lo más importante en su mundo era su amor por Marilyn. Sus fotos de ella, que había enmarcado con cariño, empacado y llevado a su tumba dentro de una bolsa de compras en el vigésimo aniversario de su muerte, eran su vía a emociones intensas: lealtad, amor, dedicación y obsesión. ¿Era una persona peligrosa? Probablemente no. No parecía estar loco, solamente obsesionado con una estrella de cine muerta.

Vemos fotos de gente famosa, las vemos en nuestros diferentes dispositivos y nos sentimos conectados emocionalmente con completos extraños. Los jugadores de videojuegos se sienten conectados con los personajes animados que merodean paisajes oscuros en busca de enemigos o de carros para robar. ¿Hay alguna diferencia con las religiones antiguas, en las que hombres y mujeres veneraban animales salvajes y espíritus que, según ellos, controlaban el viento y el sol? La diferencia con la actualidad es que los corporativos transnacionales en busca de rentabilidad arreglan cuidadosamente los encuentros entre nosotros y los objetos de nuestra fascinación. Compramos una serie de dispositivos electrónicos a través de los cuales podemos soñar con el amor, la lealtad, el honor, el conflicto, el miedo, la evasión, la captura, el dominio y el consumo, todo a través de seres bellos y de apariencia poderosa, que solamente forman parte de nuestras vidas a través de las pantallas.

Éste es el entretenimiento moderno. Esto es la publicidad. Esto es Internet con su biblioteca interminable de videos, que nos llevaría un millón de vidas poder ver, con sus anuncios torpes en ventanas emergentes, donde a menudo aparece gente con poca ropa que nos atrae para que hagamos clic y depositemos algo de nuestros datos personales. Siempre hemos estado fascinados por la figura humana. Paseamos en espacios públicos y nos vemos unos a otros. En los museos vemos estatuas, pinturas, videos y películas. En el mercado comercial, que se ha introducido en nuestras casas de tantas maneras (las bisabuelas y los bisabuelos solían tener unas cuantas revistas, el periódico y una radio), miles de millones de dólares se invierten para hacer pasar a los actores y modelos por nuestros amigos, nuestra familia, nuestros sueños.

En nuestros días, el entretenimiento electrónico es la exportación más exitosa de Estados Unidos. Y verlo es una de las actividades en las que más tiempo invertimos cuando no estamos durmiendo. Una parte de él es maravilloso, pero su propia razón de ser, lo que asegura y justifica su existencia es su habilidad para venderle a usted y a sus hijos un flujo interminable de productos y servicios, los necesiten o no. Y, de paso, con ayuda del sistema de vigilancia de consumidores más sofisticado del mundo, detecta y almacena sus hábitos de compra y consumo a fin de venderle más. Probablemente hay *terabytes* del historial de compras de mi familia almacenados en un servidor localizado en algún lugar al oeste de la línea que divide el continente americano.

Cada año mi familia y yo vemos juntos los Premios de la Academia (también conocidos como los Oscar). Como siempre, la ceremonia de 2014 fue una combinación de bromas vagamente graciosas, coreografías mediocres y discursos de aceptación lacrimógenos.

Al igual que han hecho los otros anfitriones que le antecedieron, Ellen DeGeneres intentó domar con valentía a la complicada bestia que es la transmisión de una ceremonia de más de 3 horas. Para divertir al público, Ellen ordenó pizza y alimentó a las estrellas ante las cámaras, mientras miles de millones de espectadores de todo el mundo la veían. Como parte de un magistral posicionamiento de producto, realizado ante las cámaras por el patrocinador Samsung, Ellen recorrió los pasillos del teatro Dolby, tomándose *selfies* con las celebridades usando un teléfono inteligente Samsung. (Posteriormente se vio a Ellen tras bambalinas tuiteando con su iPhone de Apple; había hecho a un lado el Samsung, que es más grande y pesado.)

Nada de esta camaradería con las estrellas era particularmente divertida, pero sí logró algo que los Oscar rara vez hacen: mostrar que las estrellas son humanas. Las celebridades buscaron en sus bolsillos cambio para pagarle al repartidor de pizzas, quien se paró al frente del escenario. Hicieron caras graciosas al posar ante la cámara de Ellen, de la misma forma en que todos lo hacemos con los amigos y la familia. Me di cuenta de que yo mismo me sentía más cercano a las celebridades distantes. Saboreé los momentos casuales que vivieron ante las cámaras los miembros de la realeza reinante de Hollywood. Mi lado racional la desestimó como simple manipulación efectiva de la audiencia por parte de una ceremonia de premiación televisiva inteligente. Pero lo que mi parte emocional sintió fue "Cielos, las estrellas son humanas, al igual que nosotros". Me sentí extrañamente cercano a ellas.

A pesar de que soy un trabajador de los medios algo cínico y experimentado, me vi envuelto como cualquier otro admirador. Me había cautivado la pantomima. No me refiero a la *pantomima* como una farsa o una estupidez. En la Edad Media la pantomima era una escena dramática interpretada sin palabras por los actores en escena, que sólo usaban gestos; representaban de todo, desde una madre preocupada meciendo entre sus brazos a un hijo enfermo hasta un payaso errante que se burla de un rival pomposo. El resplandor manipulativo de los Oscar comparte origen con todo lo que es un éxito en los medios electrónicos. Lo que vemos en la televisión, en las películas, en las consolas de juego, los iPads y las televisiones inteligentes parece más sofisticado que las representaciones al aire libre de la Europa del siglo XV, pero la idea es la misma. Una audiencia se reúne para ver a los actores interpretar personajes que provocan una respuesta emocional en los espectadores. Nos seducen los títeres manuales del show de *Punch & Judy,* los héroes de un juego, así como los actores y presentadores consumados —todos con un mismo propósito: ganarse nuestro dinero y vender botanas, bebidas y productos—, en persona o mediante sistemas de entrega digital sofisticados. El resultado es el mismo: después del espectáculo, usted ha sido seducido; profesionales del entretenimiento lo han hecho reír y llorar, y su cartera está un poco más ligera.

La mañana que siguió a los Oscar hojeé *Los Angeles Times,* deseoso de beber unas gotas más de la magia de la farándula vivida en la ceremonia de la noche anterior. Quizá me quería sentir más conectado con las estrellas a las que había visto posar, hacer muecas, emocionarse y derramar lágrimas. Brad Pitt y Angelina Jolie, probablemente dos de las más grandes estrellas en la galaxia de Hollywood, pasaron una noche agradable en los Oscar. Recordé el beso tierno que Brad le dio a Angelina ante las cámaras cuando se levantó para ir por su premio, y los ojos se me humedecieron. ¿Como experto autonombrado en medios y profesional de la publicidad, cómo podía, entre toda la gente, sentir un nudo en la garganta por las súper celebridades habitantes del Monte Olimpo del Hollywood actual? Sentado en la mesa de la cocina me di cuenta de que no soy diferente al ama de casa en las cataratas del río Tiver, Wisconsin, a la que se le humedecen los ojos al contemplar en el televisor un momento íntimo entre estrellas.

La televisión es algo poderoso. Me atrapó. No me da vergüenza sentir admiración por el trabajo humanitario, pero esto es otra cosa. Lo que experimenté mientras veía los Oscar y leía sobre ellos la mañana siguiente era la ilusión de cercanía personal con las estrellas, una añoranza emocional, una familiaridad con gente que, para todo fin práctico, existe sólo en la pantalla; ceros a la izquierda, sombras. A pesar de ello, me atrajeron. Sentí como si quisiera que fueran mis amigos. Hay una parte de mí que, mientras ve televisión, suspende la incredulidad, algo que los actores le piden a sus audiencias desde tiempos inmemoriales. "Entra a mi teatro y deja a un lado la incredulidad. Acompáñame en un viaje mágico, y a través de mí, el intérprete, experimentarás nuevas sensaciones y verás el mundo con otros ojos".

La manera en que se reporta la celebridad en el siglo XXI —de las noticias nocturnas de la NBC a TMZ.com o Twitter, de la obsesiva blogósfera sobre las celebridades a las revistas y tabloides populares en el supermercado— no le ofrece a los espectadores ni a los lectores nada de verdadero valor. Benedict Cumberbatch, la estrella joven, apuesta y de voz melodiosa de la televisión inglesa, no tiene idea de por qué la gente se interesa en su fama. Un reportero escribió: "En la actualidad hay gente a la que le gustaría tanto que Cumberbatch hablara —a la que también le gusta ver que Cumberbatch existe—, que no le importa lo que haga, mientras pueda observar que lo hace".[26]

Las celebridades de hoy son imitaciones pálidas de la vasta variedad de dioses y diosas de la época clásica. Joseph Campbell escribe en *El poder del mito*: "Una de las muchas diferencias entre la celebridad y el héroe es que ésta vive sólo para sí misma, mientras el otro actúa para redimir a la sociedad".[27] En la antigüedad, los héroes de la humanidad eran íconos porque tenían un valor intrínseco. El filósofo contemporáneo Alain de Botton escribe: "Atenas, la antigua ciudad-estado, no tenía reparos con la admiración". Se esculpían estatuas y a los festivales se les bautizaba a partir de una variedad excepcional de gente como Pericles y Demóstenes, así como de una multitud de dioses y diosas griegos que eran adorados por sus cualidades morales. Durante casi 2000 años, los católicos romanos y los ortodoxos del Este han adorado a santos y mártires por sus virtudes morales. El autor Alain de Botton afirma:

> Lo que subyace en las visiones cristiana y ateniense sobre la celebridad es el compromiso con la idea de la auto-superación, así como la creencia en que es de la inmersión en la vida de grandes ejemplos de la que obtenemos la mejor de las oportunidades para aprender cómo volvernos una versión mejor de nosotros mismos.[28]

En contraste, la obsesión contemporánea con Brad y Angelina, Lindsay Lohan, Alec Baldwin, Kim Kardashian, y otros dioses y diosas rodeados de *paparazzis* de nuestra era digital, ofrece mucho menos. El periodismo de farándula actual y sus audiencias hambrientas de estrellas al parecer sólo quieren noticias de lo que las celebridades usan, el peso que han ganado o perdido, a quienes critican en Twitter y los detalles de sus rupturas matrimoniales. Es una obsesión sin mucha recompensa. Gracias a la nueva tecnología, nosotros y nuestros hijos podemos acceder a ella todos los días y a todas horas, de miles de maneras diferentes. En las horas valiosas y limitadas que conforman la infancia, si los niños son seducidos para pasar el tiempo viendo comerciales, celebridades y mundos animados de matones de juego, experimentarán menos de la propia vida. El filósofo Eckhart Tolle escribe en *El poder del ahora*: "Es imprescindible que se dé cuenta de que el presente es lo único que se tiene".[29]

Modales cibernéticos

10

Me sentía como un ladrón, pero estaba determinado a descubrir lo que había disgustado a mi hija de 12 años, Arianna. Por lo poco que pude sacarle, supuse que algo había pasado en un *chat* entre mi hija, una amiga y un par de niños de la misma edad. Así que, después de que mi esposa se llevó a las niñas al cine, entré a hurtadillas a la habitación de mi hija, encendí su *laptop*, presioné el icono azul del iChat y mandé a imprimir. Lo que salió fue la transcripción en 7 páginas del diálogo entre mi hija y su amiga con dos chicos; todos se conocían muy bien entre sí por nuestra cooperativa de cuidado de niños.

Lo que noté de inmediato sobre este intercambio entre niños de 12 años fue su naturaleza sexual y sofisticación. Esta misma "conversación" pudo haber tenido lugar dentro de una fraternidad universitaria, pero ellos eran niños de sexto año.

Las plataformas de mensajes instantáneos como iChat muestran claramente quién dice qué, pues cada comentario se etiqueta con el nombre de quien lo envía. De cierta forma me sentí aliviado cuando vi que las niñas eran mucho menos sexualmente provocativas que los niños. Los comentarios de ellos eran agresivos y lascivos. Escribían cosas en iChat que nunca tendrían el valor de decir en persona, o incluso en una conversación telefónica. De alguna manera, la distancia y el anonimato de Internet los había facultado para decirles cosas "sucias" a las niñas.

El comportamiento de las niñas en iChat era cohibido y un tanto evasivo, pero no huyeron, además de que se involucraron más de lo que lo hubieran hecho en persona o al teléfono. El Internet había alentado a estos niños a ir más allá de sus zonas de confort y a entrar a un territorio que era más "adulto" que el de las típicas conversaciones entre adolescentes de ambos sexos.

Debido a la naturaleza bastante escandalosa de los comentarios sexuales del iChat de mi hija adolescente, mi esposa y yo hablamos del tema con los otros padres. Nadie estaba terriblemente disgustado o sorprendido. Sin embargo, todos estábamos preocupados por la naturaleza agresiva y gráfica de los comentarios de los niños, y también notamos que las niñas no los habían desalentado. Ellas tan sólo eran más indirectas. Después de una buena reprimenda sobre los buenos modales cibernéticos, dejamos en paz a nuestros doceañeros.

Pero una chica de 16 años de la preparatoria vecina, a la que llamaré Kiki, quien usó un nombre falso para crear páginas de redes sociales y cuentas de correo electrónico para acosar a una antigua amiga, no se libró tan fácilmente. La autora, Kiki, era una chica inteligente, atractiva y bastante popular, proveniente de un hogar de clase media alta de los suburbios. Como casi todos los adolescentes de su edad, Kiki se peleó con una amiga de la escuela por un asunto menor. Una amiga psicóloga me dijo alguna vez:

A riesgo de sonar sexista, los estudios muestran que las mujeres jóvenes, quienes al final de cuentas tienen mayor responsabilidad en la familia y en la crianza de los niños que los hombres, buscan probar los límites de la comunicación con sus amigos durante la adolescencia. Todos los adolescentes pueden ser emocionales, pero las chicas tienden a ser más verbales, se empujarán, estimularán entre sí y participarán en conversaciones destructivas con el propósito de descubrir dónde están los límites.

Las peleas, casi siempre dolorosas, generalmente pueden resolverse con ayuda de un padre sensible, maestro o consejero escolar. Pero Kiki hacía *bullying* o acosaba por Internet, de ahí que no pudiera ser rastreada, que no hubiera fuerza mediadora y al final tuvieran que intervenir policías y abogados.

Kiki se había fastidiado de su amiga *Essie*. Sentía que Essie se había vuelto demandante y pegajosa, por lo que Kiki quería poner fin a la amistad, pero no sabía cómo hacerlo sin riesgos emocionales. Entonces se enteró de que era fácil abrir cuentas falsas en Facebook, Twitter y correos electrónicos. Así que se creó una ciberidentidad alternativa usando un nombre falso. Ya no era Kiki, se volvió *Candi*. Y Candi era una chica mucho más cruel que Kiki.

Candi se hizo "amiga" de Essie en Facebook. Essie aceptó la nueva solicitud de amistad. Candi empezó a seguir a Essie en Twitter y viceversa, con lo que nació una nueva amistad virtual. Pero esta amistad se volvió oscura y cruel muy pronto, pues Candi nunca tuvo la intención de ser amiga de Essie —virtual o real—, sino de hacerle daño. Candi publicaba rumores falsos en Internet de todos los aspectos de la vida de Essie, desde sus hábitos alimenticios hasta su vida sexual. Se burlaba del tipo de cuerpo de Essie. Candi calumniaba a Essie de todas las formas posibles. Y la lastimaba.

Los adolescentes casi siempre tienen cientos de "amigos" en Facebook y seguidores en Twitter; Candi se aseguró de que cada uno de ellos se enterara de los supuestos defectos de Essie. Rumores falsos sobre Essie eran retuitiados y Candi mandaba correos con enlaces, conectando a otros al perfil de Essie en Facebook. Esta notoriedad no deseada en Internet, anónima e insultante, tuvo el efecto esperado: humillar a Essie. Amigos y extraños se burlaban de ella en la escuela y la confrontaban con los rumores falsos que Candi difundía en Internet.

Essie y sus padres contactaron a la policía, también contrataron a un abogado. Pero, desafortunadamente, acusaron a la persona equivocada. El día en que los oficiales de la policía municipal entraron en la preparatoria, una amiga mutua de Essie y Kiki fue llevada a la oficina del director para que la interrogaran y fue acusada de intimidar cibernéticamente a Essie. Se amenazó a la chica con expulsarla de la escuela.

La autora verdadera, Kiki-Candi, estaba preocupada. Vio cómo una compañera inocente de clase era acusada de las fechorías que ella misma había cometido. Kiki recurrió a su padre, que era abogado, y le confesó llorosa lo que había hecho. Su padre contactó a la preparatoria y llevó a su hija para encarar las consecuencias. Kiki admitió ante la escuela y los policías que había intimidado cibernéticamente a Essie. Se le agradeció a Kiki su honestidad, pero fue expulsada de la escuela por la naturaleza cruel de la intimidación que había cometido contra su antigua amiga Essie.

Los padres de Kiki la metieron en un grupo de rehabilitación de acoso escolar, tanto para víctimas como para autores, y posteriormente también encontraron una escuela que aceptó recibir a Kiki. Quizás el tiempo cura todas las heridas, pero pasaron años antes de que en los pasillos de la preparatoria dejaran de escucharse los ecos de los rumores falsos que Kiki le había imputado a Essie. Los estudiantes, los profesores y los padres que fueron testigos de este caso desafortunado, de la participación de las fuerzas del orden y de los abogados, así como de la expulsión final de Kiki, vieron con otros ojos el tema del *bullying* o acoso cibernético.

Trágicamente, algunas de las víctimas han escogido el suicidio como una forma para escapar al sufrimiento y la humillación. Por fortuna, Essie no intentó suicidarse. Pero el acoso cibernético y anónimo de Kiki dejó una cicatriz en toda una comunidad escolar.

El anonimato en Internet lo facilita todo, y al parecer ese anonimato algunas veces saca lo peor de las personas. Por dicha razón, muchos sitios noticiosos en Internet están prohibiendo los comentarios anónimos en sus páginas. Me parece que muchos de los comentarios rabiosos y burlones que vemos en estas páginas no los harían nunca esas personas si sus identidades fueran conocidas.

¿Hay una solución para el creciente problema del acoso cibernético? ¿Ha notado algún enfrentamiento prolongado entre su hijo y alguien más? ¿Hay señales de que su hijo está acosando o está siendo acosado? Mientras el acoso de las generaciones previas en los lugares de juego dejaba un ojo morado o un labio hinchado, la intimidación cibernética deja huellas que no siempre son fáciles de identificar. Lo mejor que podemos hacer es hablar con nuestros hijos sobre sus relaciones virtuales y hacerles ver tanto los peligros como las tentaciones que derivan de ellas.

Para prevenir la intimidación cibernética, ¿es necesario que los padres monitoreen la forma en que sus hijos usan las computadoras y los teléfonos inteligentes? ¿Deben revisar regularmente su historial de descargas? Ambas son decisiones muy personales y que deberían estar basadas en un diálogo abierto y honesto con sus hijos.

De acuerdo, seré honesto

11

Pienso que la tele y la variedad de pantallas electrónicas que rodean a nuestros hijos son inventos sofisticados que llegan a nuestros umbrales con perspectivas claramente conflictivas. Los artistas creativos que animan y programan juegos de computadora, los escritores, directores, músicos, compositores, editores y actores en las películas, programas de televisión y episodios de Internet, llaman a su trabajo "contar cuentos". Las agencias publicitarias que le venden de todo describen sus productos como "vanguardistas", "verdaderamente útiles" y que "cambian la vida". Sin embargo, el vasto cuadro de ejecutivos de medios poderosos que dirigen Google, Apple, Facebook, Disney, Viacom, y otros, llaman a su trabajo "maximización de ganancias".

¿Es posible tenerlo todo? Las compañías que nos venden nuestra tecnología digital y nuestra programación pueden tenerlo, obviamente. Pero ¿nosotros podemos? En un artículo publicado en *The Atlantic Monthly*, titulado "¿Será que Google nos está volviendo estúpidos?", Nicholas Carr advirtió:

La apuesta financiera de casi todos los dueños del Internet comercial es reunir las migajas de información que dejamos mientras saltamos de un enlace a otro, y entre más migajas mejor. Lo último que estas compañías quieren es incitar la lectura recreativa o el pensamiento lento y concentrado. Su interés económico es llevarnos a la distracción.

En la actualidad, las corporaciones más ricas y poderosas del mundo están compitiendo por la primacía en los medios de comunicación; sus victorias dependen de que consigan ganar tanto los corazones como las mentes de usted y de sus hijos. Como padre, se enfrenta a la sabiduría colectiva de los comerciantes y vendedores más efectivos del mundo, cuyo único objetivo es lograr más visualizaciones, clics y porcentajes. ¿Su familia está en desventaja dentro de esa lucha por su lealtad? ¿Acaso los corporativos mediáticos protegen los intereses de usted y de su familia? Dicen que lo hacen, pero lo que está en juego para ellos son las utilidades netas. Por ejemplo, Lehman Brothers —la firma de inversiones de proporciones globales que casi colapsó la economía mundial en 2008 y que había invertido fuertemente en corporaciones mediáticas— anunciaba un mensaje esperanzador a los espectadores poco antes de la recesión más grande que haya habido desde la Gran Depresión. Su comercial decía simplemente: "Puedes llegar ahí desde aquí". Sí, pero... ¿a dónde?

Creo que de vez en cuando los programas de televisión y las películas pueden ser extraordinarios e inspiradores, pueden contribuir a nuestras vidas. Considero que Internet es una fuente de información y de entretenimiento tremendamente práctica para los estudiantes, los escritores y los internautas ordinarios. Creo que el tiempo de pantalla en dosis moderadas pude ser relativamente inofensivo, un tiempo de relajación para los niños puede darles un respiro de las preocupaciones y el estrés de la vida escolar, así como de las relaciones sociales complejas con los compañeros y la familia. Creo que Steve Jobs era un genio y que verdaderamente le inspiraba hacer feliz a la gente y darle un mejor acceso a sus fotos, su música y sus datos. Creo que le inspiraba lo que se veía bien y era asequible al usuario. Pero también era el director general de un corporativo y el mayor accionista de Apple, por lo que estaba obligado a cuidar el valor de las acciones.

Estados Unidos se levantó sobre los hombros de inventores. Siempre hemos estado fascinados por lo nuevo, pero no todo lo que se ha inventado y se ha vuelto popular en nuestra cultura nos ha hecho mucho bien. El diseño de la parte trasera de los automóviles estadounidenses de la década de los 50, un diseño icónico, resultó fatal para miles de ciclistas jóvenes, por lo que fueron eliminadas en poco tiempo. El pesticida DDT, inventado en 1939, alguna vez fue promovido como la salvación para los agricultores, pues permitía que las cosechas llegaran al mercado y mantenía los precios bajos para los consumidores. Yo solía andar en bicicleta detrás del camión local de DDT cada verano en el sur de Minneapolis, mientras rociaba nubes de apariencia mágica para matar a los mosquitos. También se arrojaba DDT en el lago Harriet para matar las hierbas acuáticas y las algas que crecían rápidamente y atascaban nuestras playas. Casi siempre me salía sarpullido después de nadar en el lago durante el verano. Ahora se sabe que el DDT es una sustancia cancerígena mortal y está prohibida en todo el mundo.

¿Se descubrirá que estar conectado a Internet 24 horas todos los días de la semana es mortal? Claro que no. Si hay algún daño, no será tan evidente. Un médico de la UCLA, Gary Small, dice: "Hay gente joven cuyo cerebro no está totalmente desarrollado. Así que la manera en que una persona joven decide pasar su tiempo tendrá un efecto profundo en lo que será su cerebro el resto de su vida".[30]

¿Estoy en peligro? ¿Mi familia está en peligro? La mayoría de nosotros pasa el tiempo tonteando en Internet, y en retrospectiva, considero que vi demasiados programas en el televisor cuando era niño. Papá era un gran admirador de las novelas de Zane Grey, él y yo veíamos programas del Oeste en la tele: *La ley del revólver, Bonanza, Revólver a la orden, El virginiano,* y más. Hoy, además de las películas pretenciosas e independientes que mi esposa y yo elegimos ver, también hemos visto todas y cada una de las de *Rápido y Furioso.* Soy adicto a la acción. Creo honestamente que toda una vida viendo películas de tiros y asesinatos me han vuelto una persona más miedosa. Tomo las precauciones más que necesarias en la vida. Quizás es parte de ser un padre precavido. Mi esposa e hijas me llaman El Celador, por la manera en que constantemente estoy cerrando puertas. Más de una vez he dejado a mi familia sin poder entrar a la casa por accidente.

Barbara J. Wilson, de la Universidad de Illinois, escribe en FutureoftheChildren.org —un proyecto de la Universidad de Princeton y del Instituto Brookings—, que:

> Cada vez hay más evidencia de que el miedo inducido en los niños por los medios de comunicación a veces es severo y duradero. Una encuesta realizada a más de 2000 niños de primaria y secundaria reveló que un consumo televisivo excesivo está asociado con síntomas autopercibidos de ansiedad, depresión y estrés postraumático.[31]

Creo que la plétora de pantallas electrónicas al alcance de nuestros niños es altamente adictiva. Creo que si a los niños se les permite tomar sus propias decisiones con respecto al tiempo que pasan frente a las pantallas, sin intervención de los padres, la gran mayoría elegirá el rol pasivo de un espectador. Creo que muy pocas de las cualidades que esperamos transmitirle a nuestros hijos se alimentan del tiempo que pasan frente a las pantallas.

Creo que los padres y los educadores pueden y deben controlar el acceso de los niños a las pantallas electrónicas con la implementación de reglas y límites. Creo que una estrategia constructiva y realizable para hacer frente a los medios en nuestras familias empieza con la conversación en casa. Cuando se incluye a los niños en la toma de decisiones, ellos se apropian de las preocupaciones y de las tácticas.

Puede negociar las horas de uso del celular en casa, los espacios sin Internet, los horarios sin televisión de cada día. Durante las inundaciones y las tormentas del huracán Sandy, en la costa este, muchas familias se quedaron sin pantallas, algunas durante semanas. Se las arreglaron bastante bien y muchas reportaron que habían leído en familia por vez primera. Durante un huracán que ocurrió recientemente cerca de casa, tuvimos un apagón eléctrico de tres días. Todos leímos más en esos días de lo que nunca antes, aunque fuera a la luz de las velas.

Creo que los niños son seres dispuestos e inteligentes, que quieren ser parte de la toma de decisiones en casa. Tienen opiniones. Mucho de lo que se aborda en estas páginas les resulta conocido. Conocen a niños que son adictos a los videojuegos, adictos a enviar mensajes de texto y Facebook. Usen la sabiduría de sus hijos para que les ayude a tejer juntos una estrategia para hacer frente a las pantallas mediáticas en el hogar. Todos hemos escuchado la frase: "la vida es una negociación". También así es la paternidad, especialmente cuando se trata de imponer reglas y límites en un mundo conectado y que sus hijos conocen mucho mejor que usted.

PARTE II

Soluciones

A estas alturas del libro espero que no se sienta como si el mundo fuera un lugar mucho más inhóspito de lo que pensaba. Cuando se trata de tecnología y niños, no creo que uno pueda hacerse de la vista gorda. Al saber lo que estamos enfrentando, al entender de dónde viene el entretenimiento para niños y por qué es tan poderosamente adictivo y consume tanto tiempo, las familias pueden navegar el mundo complejo de la tecnología contemporánea, así como la multiplicidad de pantallas y alternativas de entretenimiento de una manera mucho más inteligente.

En esta sección aprenderá cómo mantener a su familia actualizada y participativa, al tiempo que protege a sus hijos en un mundo de alta tecnología. En la actualidad, las corporaciones más ricas compiten en un terreno de juego altamente sofisticado, y uno de sus objetivos más importantes es llegar a los corazones y las mentes de sus hijos mediante la publicidad. Los estudios muestran que una vez que se conquista la lealtad de un niño, será consumidor fiel de una marca durante toda la vida. Espero que la información y las historias de los capítulos que siguen le proporcionen soluciones de la vida real sobre cómo educar a sus hijos en la era digital.

Cómo empezar una cooperativa para el cuidado de los niños

12

—¡Hola!, soy la mamá de Junior y él es Junior. Sabe ir al baño y ya cenó. Adiós, Junior, diviértete.

La mujer dejó a un Junior de 3 años parado en la puerta de la casa de nuestros amigos, aferrado a su mochila con gesto aterrado. Nuestros amigos eran miembros de una cooperativa de cuidado de niños que se jactaba de tener una lista de 60 familias que obtenían favores cuidándose los hijos unos a otros. Era grande y parecía impersonal. Este modelo de cuidado de niños no era para nosotros. Necesitábamos que alguien cuidara a nuestras hijas, pero no que lo hicieran extraños.

Aunque mi esposa no es lo que se dice una entusiasta de las asociaciones, después de que nació nuestra primera hija buscó los grupos de bebés de nuestro vecindario. Pasar todos los días sólo con el bebé no es bueno ni para usted ni para el bebé. Así que cada semana íbamos a un grupo de juego que se reunía en el parque municipal cerca de nuestra casa. También fuimos a un grupo de música para bebés, en el que enseñaba un maestro de la localidad, y a un grupo infantil dirigido por un experto en educación infantil jubilado. Asistimos a una ronda interminable de fiestas de cumpleaños de bebés, donde había *hot dogs* y limonada en abundancia, y donde los padres tejen su red de contactos. La vida social de nuestros pequeños era más intensa que lo que había sido la nuestra.

¿La desventaja de todo esto? Mi esposa y yo no habíamos tenido una verdadera cita a solas en año y medio. Lo que le hacía falta a nuestras vidas era alguien que cuidara de nuestra hija. Así que decidimos invitar a media docena de parejas que habíamos conocido en nuestros grupos de bebés para dialogar sobre la posibilidad de conformar una cooperativa para el cuidado de nuestros hijos. Algunos padres se mostraron escépticos:

—Mi hijo no se acostaría sin mí.

—Mi hijo se duerme más tarde que otros niños.

—Mi hijo no dejaría que nadie, excepto yo, le cepille los dientes.

Para nuestra decepción, los miedos colectivos del grupo tuvieron más peso que los aspectos positivos, así que les dimos las buenas noches a nuestros amigos sin haber conformado un grupo para cuidar a nuestros bebés.

Transcurrió un año más en el que asistí a otros grupos para bebés con mi esposa e hija. Estaba pasando una de las mejores épocas de mi vida al ser testigo de la magia del crecimiento y desarrollo de mi niña, viéndola aprender a caminar y bailar, viéndola aprender a compartir, observándola tomar jugo de su vaso sin derramarlo sobre su vestido nuevo. En dichos grupos, mi esposa y yo entablamos amistad con otros padres. Nos habíamos enterado de que la mayoría de estas parejas no había tenido en mucho tiempo una salida nocturna como era debido. Cuatro de las familias tenían hijos de la misma edad que nuestra primogénita, poco más de 2 años. Las niñas sabían ir al baño, los niños no. ¿Estábamos listos para el reto?

Los niños no vienen con un manual de instrucciones. No hace mucho tiempo, una familia típica consistía en tías, tíos, primos y abuelos que te decían cómo tratar con los bebés, con sus rabietas, con las preguntas difíciles que hacen los niños y demás. Hoy, en nuestra sociedad móvil, una familia con bebé tiene suerte si hay familiares en la ciudad dispuestos a ayudar. Cuando veo a una madre sola empujando a su hijo en una carriola, a menudo me pregunto, ¿por qué está sola?, ¿tiene ayuda?, ¿tiene amigos con bebés?, ¿volverá al trabajo dentro de unas semanas?, si es así, ¿quién va a cuidar al bebé? Sólo puedo imaginar la soledad glacial que debe sentirse al criar a un niño sin amigos ni familia que te echen una mano con regularidad.

En cierto punto, nuestra hija llegó a la edad en que ya no contábamos en semanas y meses, y en su lugar decíamos: "¡Ay, ya tiene 2 años y medio!". Seguíamos sin haber contratado a una niñera. El tiempo que pasábamos con nuestra primogénita era muy valioso y no nos sentíamos cómodos confiándosela a una niñera adolescente con habilidades cuestionables para cuidar a los niños. Habíamos visto grupos de cuidado gratuitos en operación, pero queríamos que la cuidara gente que conociéramos y en la que confiáramos. También anhelábamos una noche fuera para ver una película o ir a cenar, para pasar tiempo juntos sin las interrupciones que ocurren en casa con un bebé. Había llegado el momento. Las 4 familias se volvieron a reunir en nuestra casa y esta vez pudimos conformar una cooperativa.

Nuestro pequeño grupo decidió que cuidaríamos de nuestros hijos los sábados, de las 6 p.m. hasta la media noche. Intercambiamos información sobre nuestros seguros médicos, por si fuera necesario llevar a los niños. Los padres anfitriones se harían cargo de la cena de los niños, los supervisarían mientras jugaran y mientras vieran un video, cepillarían sus dientes, les pondrían la pijama, los meterían en sus *sleepings*, y a una hora decente les leerían un libro para que se durmieran.

Mi esposa y yo nos ofrecimos para crear un calendario y ser los cuidadores el primer sábado, seguiría la familia B, luego la familia C, etcétera. Cada 4 semanas, mi esposa y yo seríamos anfitriones de la cooperativa. El beneficio para nosotros eran 3 sábados consecutivos en los que podíamos salir: una cita con mi esposa, una cena tranquila, una película, incluso una función doble. ¡Gran idea!

El primer sábado que estuvimos a cargo funcionó perfecto, incluido el cambio de pañales de los niños. A medida que los padres de la cooperativa se alejaban para disfrutar su noche de sábado, sus hijos gemían histéricamente, pero tan pronto como los adultos desaparecían de su vista, los niños dejaban de llorar y se dirigían a nuestra sala llena de juguetes. Lo que me sorprendió desde el principio fue lo autosuficientes que pueden llegar a ser los pequeños. No es necesario decirles cómo jugar. Es instintivo. Mientras jugaban, mi esposa y yo simplemente nos sentamos a un lado y observamos.

La hora de la cena llegó sin tropiezos. Incluso los trapos que habíamos puesto en el piso de la cocina resultaron innecesarios. Entonces vino el video. Los padres habíamos conversado al respecto y todos acordamos que poner a los niños frente a una película durante 90 minutos no socavaría nuestra labor de crianza. No se trataba de darles libertad absoluta para que vieran la televisión durante horas sin supervisión. Una vez que el video acabó, apagamos la tele; era tiempo para el cepillado de dientes.

Al momento de prepararse para ir a la cama, los niños se mostraron completamente dueños de la situación. Todos habían llevado su mochila, *sleeping,* cepillo de dientes y pijama; manejaron sus pertenencias con la confianza que yo hubiera esperado de niños mayores. Antes de la primera noche de cooperativa, nunca antes había cepillado los dientes de otro niño que no fuera mi hija. Pero cuando Dexter, de 2 años y medio, me dio su cepillo de Plaza Sésamo y su pasta, lo cargué, lo puse sobre el mueble de azulejo del lavabo y le lavé los dientes, no hubo dificultades. Pronto sólo las cabezas de los niños de la cooperativa sobresalían de sus *sleepings,* listos para que les leyera un libro. Pensé en las noches en que mi padre me leía a mí cuando era niño. Recuerdos mágicos me vinieron a la mente.

Mi hija gritó:

—¡Papá, *Buenas noches, luna*! ¡Lee *Buenas noches, luna*!

—Sí —gritaron los otros con entusiasmo, como si estuvieran en la porra de los Dodgers de Los Ángeles.

Mientras leía —improvisando un poco el diálogo, pues *Buenas noches, luna* tiene claramente pocas palabras—, los niños estaban maravillados por la atmósfera de ensueño del libro. Cuando terminamos, los 4 pequeños estaban bastante despiertos. Así que tomé otro libro y empecé a leer, pero esta vez más lento y con una voz más relajada. Los arrullaría para que se durmieran. Funcionó. De los *sleepings* salían los tenues ronquidos de los pequeños, apagué las luces. Mi esposa y yo tuvimos 2 horas de tranquilidad antes de que vinieran los padres a recoger a sus hijos que dormían. La cooperativa para el cuidado de nuestros hijos era un éxito.

Me hice cargo del calendario de la cooperativa, con ajustes ocasionales o intercambios cuando era necesario. Durante 3 años, nuestras familias cuidaron a los hijos entre sí cada semana, lo que significó cerca de 150 noches de sábado de cuidado seguro, acogedor y gratuito.

Luego, los niños de la cooperativa cumplieron 6 años y los dispositivos de juegos electrónicos entraron en escena. Una noche de sábado, tanto Gabe como Dexter llegaron a la cooperativa sosteniendo sus nuevos juegos electrónicos portátiles. Todo estuvo a punto de venirse abajo. Antes de la cena, las niñas, Nina y Arianna, estaban jugando con el fregadero de plástico de juguete que estaba en nuestra sala. Dexter y Gabe abrieron sus mochilas y sacaron sus nuevas consolas de juego.

Los padres de la cooperativa habíamos hablado de todo, desde los seguros médicos a la pasta dental favorita de nuestros hijos, pero no habíamos hablado sobre lo que haríamos con los dispositivos electrónicos personales. Dexter fue el primero que encendió su Nintendo portátil. En la cocina, mi esposa y yo escuchábamos los pitidos y zumbidos provenientes de la sala. Entonces empezó la pelea.

—Mío, ¡es mío! ¡Dame mi Gameboy! —gritó Dexter, mientras las niñas forcejeaban con él en el piso y le arrebataban el Nintendo de sus pequeñas manos sudorosas.

A lo largo de los años, mi esposa y yo hemos observado a familias reunidas en público, cuyos niños miran sin parpadear las pantallas de sus juegos portátiles. La primera vez que nuestra hija Arianna nos pidió una consola portátil, tuve una reacción visceral e inmediata. Estábamos esperando para abordar un avión cuando Arianna se dio cuenta de que muchos niños en la sala de espera del aeropuerto estaban absortos en sus juegos portátiles.

—Papi, quiero uno de esos. ¿Me puedes comprar uno? —preguntó mi hija.

Recuerdos preciosos pasaron frente a mí: cargaba a mi hija sobre mis hombros, hablábamos felizmente, le leía antes de dormirse. Tuve miedo de que todo esto desapareciera y fuera reemplazado por el sonido abominable del Gameboy. Así que le dije que no.

—¿No qué? —respondió, algo desconcertada.

—No, no vas a tener una consola de juegos.

—¿Por qué no?

Mi esposa susurró:

—¿Y no podría tener una con horario restringido?

—¡No! —vociferé.

—Shhh, papi, la gente te está viendo.

—Lo siento, pero no.

—¿Por qué?

—Porque echa a perder tu cerebro.

—No es cierto. Los cerebros de esos niños no están echados a perder —dijo, señalando hacia los niños que esperaban en la sala del aeropuerto, apretando afanosamente los botones de sus consolas.

No quería traer a nuestras vidas lo que me parecía un monstruo virtual tonto, plástico y ruidoso, cuyo único efecto sería alejar a mi hija del mundo. Sí, a mí me dejaría ver más futbol en la tele, pero los niños crecen rápido. Una vez que su infancia se va, no puedes regresarla. Eso es lo que sentía. Así que nada de Gameboy.

Al final de cuentas, a mi hija no parecía importarle tanto, y lo mismo pasó con nuestra segunda hija cuando llegó a la edad de los juegos electrónicos. Me negué a que mis hijas pasaran su tiempo libre viendo las pantallas de los juegos. ¿Siento que me pasé de severo en retrospectiva? ¿Privé a mis hijas de un importante tiempo libre sin preocupaciones? ¿Era demasiado doctrinario, demasiado aguafiestas? No lo creo. Estoy convencido de que hicimos lo correcto. Actualmente mis hijas poseen *laptops* y teléfonos inteligentes, al igual que yo, como cientos de millones de personas. "Para todo hay un tiempo, y un momento para cada propósito bajo el cielo", escribió en una canción Pete Seeger, citando el famoso verso bíblico.

Instauramos una nueva regla en la cooperativa: prohibidos los juegos electrónicos y los celulares. Durante años he hablado sobre nuestra postura antielectrónicos con docenas de padres. En nuestra cooperativa les permitíamos a los niños que vieran un video después de la cena y antes de prepararse para irse a acostar. Verlo juntos era una experiencia grupal y los padres teníamos el control del botón de encendido y apagado. ¿Hubiera sido mejor si en lugar de ver videos hubiéramos participado con los niños en juegos de imaginación los sábados por la noche y hubiéramos prohibido todos los aparatos electrónicos? Quizá, pero elegimos un camino moderado. Cuando estaba en la universidad, asistí a la conferencia de un gurú del este de la India, Swani Satchinanda, de larga barba grisácea y túnica color azafrán. Dijo: "Todo con moderación, un poco de esto, un poco de aquello". Siempre he pensado que tiene sentido.

Nuestra cooperativa duró 12 años y medio, pues una noche de sábado la mamá de Nina llamó y dijo:

—Lo siento, pero Nina no podrá ir a la cooperativa esta noche. Tiene una cita con su novio.

Parafraseando al poeta Geoffrey Chaucer, todas las cosas buenas deben terminar. Aunque yo me entristecí. Un experimento exitoso de cuidado de niños, cooperativo y gratuito, había llegado a su fin. Lo increíble fue que estos niños se volvieron tan buenos amigos que asistieron hasta que estuvieron en tercero de secundaria, y siguen frecuentándose hasta hoy.

Mi esposa y yo calculamos que cada familia de la cooperativa se ahorró más de 20 000 dólares en niñeras durante ese tiempo. Además, entablamos amistades duraderas tanto los padres como los niños. Juntos participamos en un diálogo fructuoso y abierto sobre la crianza de los niños, incluyendo de qué manera enfrentar el mundo multipantallas de los medios de comunicación. Pusimos reglas y las cumplimos, además de que nos divertimos mucho.

Escándalos de caricatura, conciencia mediática para niños

13

El salón del maestro Matsamura, en la escuela primaria Alessandro, estaba abarrotado con escolares de 8 años. Estaban emocionados. El horario normal de las clases había sido interrumpido para el Día de la Profesión, que se celebra anualmente en la escuela. Los pasillos estaban llenos de atletas profesionales, actores, bomberos, policías, soldados uniformados, doctores e ingenieros; algunos habían llevado regalos para los niños, otros incluso habían conducido sus vehículos de emergencia desde la ciudad de Los Ángeles hasta el largo patio de asfalto, donde los niños se amontonaban alrededor de las patrullas, las ambulancias y los carros de bomberos que brillaban al sol.

Mi gafete del Día de la Profesión decía: "Voz de Flint, de G. I. Joe y anunciante de radio y televisión". Me sentía orgulloso de estar ahí. Los voluntarios del Consejo Estudiantil me ayudaron con mi grabadora y mi portafolio con láminas de caricaturas. La directora de la escuela Alesandro, Lynn Andrews, que ya llevaba mucho tiempo en el puesto, saludaba a cada uno de los voluntarios del Día de la Profesión. Gracias a los incesantes esfuerzos de la directora, el Día de la Profesión estaba bien organizado y atraía a docenas de profesionales de todo Los Ángeles. Yo estaba ahí para decirle a los niños cómo llegué a la industria del cine y la televisión, de qué forma un estudiante puede tomar clases de producción de radio y televisión en la preparatoria y en la universidad, y cómo, si te gusta hacer voces graciosas, puedes estudiar para actuar la voz de los personajes de caricatura. También tenía un plan secreto.

La primera oleada de figuras de acción de G.I. Joe de Hasbro y los paquetes inspirados en los personajes de la serie acababan de llegar a los estantes de las tiendas. Hasbro estaba invirtiendo millones de dólares en publicidad televisiva para que los niños fueran a las tiendas a comprar juguetes G.I. Joe. Sentía que debía hacer algo para ayudar a nivelar el terreno de juego entre la compañía de juguetes colosal y los pequeños consumidores.

Había creado un programa para llevarlo a las escuelas titulado Escándalos de caricatura: conciencia mediática para niños. Mi objetivo era centrar la atención de los niños en la naturaleza de los comerciales, los medios electrónicos y el propósito principal de la programación infantil: venderle cosas a los pequeños consumidores.

Edité fragmentos de audio de mis comerciales y de la caricatura *G.I. Joe*. Conseguí la ayuda de un amigo artista para que ilustrara con caricaturas seis tablones largos de espuma, con algunos guiones muy cortos que mostrarían cómo y por qué se hacen los comerciales. Imprimí un folleto simple, lo dejé en la escuela Alessandro y pedí que lo distribuyeran a los maestros y administradores del Distrito Escolar de Los Ángeles. Pronto empezó a sonar mi teléfono con llamadas de los maestros y de los subdirectores de diversas escuelas que me invitaban para que fuera a sus salones. Le pregunté a quienes llamaron qué los había llevado a contactarme.

Respondieron: "Nuestros alumnos están viendo demasiada tele en casa, lo que interfiere con sus tareas. Es un gran problema entre nuestros niños".

Al entrar al salón del maestro Matsamura, una paramédico estaba terminando su presentación del Día de la

Profesión, hablándoles a los niños sobre lo que era conducir una ambulancia y salvar a la gente de los accidentes y las enfermedades. Los niños estaban fascinados. Mientras estaba sentado esperando mi turno para hablar sobre mi carrera en los medios, recordé la película *Cowboys de ciudad,* en la que el actor Billy Cristal trata de explicarle a la clase de su hijo, en el Día de la Profesión, que vende aire (era un vendedor de publicidad en radio y los niños se aburrieron). Esperaba que no me pasara lo mismo en Alessandro. Antes había actuado ante niños, por lo que traté de recordar 4 cosas: ser rápido, hablar alto, ser gracioso e interactuar. La paramédico terminó su presentación. Yo saqué las láminas de espuma de mi portafolio y puse mi grabadora sobre el escritorio del maestro Matsamura.

—¡Hola, niños! Soy la voz de las caricaturas y un anunciante de radio y televisión.

Se quedaron con los ojos en blanco. Puse mi mano sobre mi oído e hice mi voz de noticiero:

—Hoy en Testigo de Canal Siete, es el Día de la Profesión en la escuela Alessandro. En este momento toda la escuela está preparándose para despegar hacia el espacio.

Los niños estaban con los ojos abiertos.

—Suenas como el de la televisión —dijo un niñito.

—Soy el de la televisión.

—¡Wow! —murmuraron.

—A ver, niños, ¿a qué hora salen de la escuela para irse a casa? —les pregunté—. Levanten la mano.

Algunos revisaron sus relojes y una niñita gritó:

—A las 15:30.

—15:30, bien. Ahora, ¿qué tan seguido les pasa esto? Llegan a casa y todo mundo está viendo la tele. Sus ojos están pegados a la tele y alguien les dice "Shhh, silencio, estamos viendo la tele".

Un niñito de la última fila gritó:

—Todos los días. Eso me pasa todos los días.

—¿Y qué ven en la tele? —pregunté—, ¡ven comerciales de… pañales!

La clase se rio. Puse en marcha la grabadora. Sonó mi voz para un comercial de Ultra Pampers Plus: "Presentamos el nuevo pañal con el sistema de aireación, es diferente porque la cubierta tiene bolsas de aire abajo".

—¿Diferente? —le pregunté a la clase—, es un pañal. ¿Cómo podría ser diferente?

Más risas.

—Supongamos que su mamá fue a comprar pañales para el bebé. ¿Creen que si lleva a casa una caja de Huggies el bebé se va a sentir desilusionado porque no eran Ultra Pampers Plus con el sistema de aire?

—¡Nooo! —gritó la clase.

—¿Pero no tiene razón el comercial de Pampers? ¿Los Pampers no son mejores que los Huggies?

—¡No! —gritaron unos pocos. Había algunas miradas ligeramente confundidas.

Había empezado un diálogo crítico y complejo con niños de 8 años sobre la naturaleza y el propósito de la publicidad en televisión. Saqué mi primera lámina, el dibujo de un viejo cascarrabias en una zapatería, con los puños apretados y aire saliendo de su nariz. El Señor Gruñón estaba parado frente a la caja vacía y una pila de tenis con tacón para correr para niños, que no se habían vendido. Un joven se encogía ante él.

—Éste es el Señor Gruñón, es dueño de la zapatería y está verdaderamente enojado con tu primo, que trabaja en la zapatería para ganarse unos dólares extra y así poder pagar los libros de la universidad.

—No has vendido un solo par de tenis en todo el día. ¡Voy a tener que despedirte! —grita el Señor Gruñón.

—No, Señor Gruñón, por favor no me despida. Necesito el trabajo —dice tu primo—. Si estos tenis son para niños, ¿no debería anunciarlos para ellos?

—¿Anunciarlos? Ya tengo un letrero en la ventana —responde el Señor Gruñón—. ¿A qué te refieres con anunciarlo para los niños?

El letrero del Señor Gruñón dice: "Tenis con tacón para

correr en venta", acompañado de una serie descendente de precios, que termina en la oferta más barata.

—Entonces, niños —les pregunté—, ¿a qué se refiere su primo cuando dice que el Señor Gruñón debe anunciarlos a los niños?

Las respuestas de la clase incluyeron muchas de las formas en que los anunciantes les venden los productos a los consumidores jóvenes. Siempre me sorprende el nivel de sofisticación con que los niños manejan los medios de comunicación. Para cuando llegan a la escuela primaria ya son bastante experimentados. Han pasado mucho tiempo en línea y frente a un televisor. Además, cuando los niños responden, es una buena oportunidad para elogiarlos por sus ideas y su participación.

—El Señor Gruñón debería anunciarse en la tele —propuso una niñita de la primera fila.

—Sí, eso es. El Señor Gruñón debería anunciarse en la tele, así los niños verían su comercial y harían que sus mamás fueran a comprar los tenis con tacón. Y además de la tele, ¿dónde puede anunciarse?

—¿En Internet? —dijo un niño al fondo del salón.

—Sí, en Internet. Hay miles de comerciales en Internet. ¿Dónde más puede anunciar sus tenis con tacón para correr el Señor Gruñón? ¿Qué tal esos anuncios grandes en las autopistas?

—Carteleras —dijo un niñito de la segunda fila.

—Sí, en las carteleras. Pueden verse por toda la ciudad anunciando de todo, desde carros hasta refrescos y zapaterías. ¿Dónde más?, ¿la radio?

—¡Sí, en la radio! —gritaron los niños.

—¿Algún lugar más? ¿Qué tal los volantes que dejan en las entradas de las casas o los anuncios en los costados de los autobuses?

Las cabezas asintieron con entusiasmo.

—Bien, ¿qué programas ven en la tele, niños? —el grupo soltó un aluvión de títulos de programas.

—Ahora bien, soy un adulto y cuando es el momento de

los comerciales, tratan de venderme carros, ropa, seguros de vida, ¿pero qué tratan de venderle a los niños... qué tratan de venderles a ustedes?

Los niños de tercer año del maestro Matsamura se quedaron pensativos antes de empezar a enlistar lo que se les ocurría: juguetes, computadoras, dulces, botanas, etcétera. Agradecí a cada niño por su respuesta y les seguí sonsacando una lista creciente de productos que se les venden específicamente a los niños.

—¿Qué hay del cereal para el desayuno? ¿Alguna vez han estado en una tienda de comestibles con su mamá y han visto a un niño de 2 años sentado en el carrito de las compras, con las piernitas regordetas colgando, que grita: "¡Mamá, quiero el cereal de las tortugas ninja!" Y todos en la tienda se le quedan viendo porque el niño no se da por vencido, por lo que finalmente, frustrada, la mamá agarra una caja y se la da? Es un niño que apenas puede hablar, ¿cómo supo pedir el cereal de las tortugas ninja?

Una niñita de aspecto inteligente de la primera fila alzó su mano y dijo:

—Lo vio en la tele.

—Sí, lo vio en la tele. Los niños ven comerciales en la tele y recuerdan lo que ven en ella. Por eso el Señor Gruñón decide finalmente anunciar sus tenis en la tele, aunque no sabe nada sobre publicidad. Así que revisa la sección de "publicidad" en la *Sección Amarilla*, el gran libro amarillo de pasta suave, lleno de anuncios sobre todo lo que se puedan imaginar. También en el sitio de Internet: secciónamarilla.com. Así que el Señor Gruñón busca publicidad en la *Sección Amarilla*, en la *p*, de "publicidad", y ve un anuncio de la compañía de publicidad del Señor Veloz: "¡Hacemos publicidad a toda velocidad!", así que llama al Señor Veloz.

En la segunda lámina se encontraba un Señor Gruñón, ahora sonriente y con un foco sobre la cabeza, que le entrega al Señor Veloz un fajo de billetes. En la tercera lámina, Humberto Luna, personaje celebre de la radio hispanohablante, sostiene uno de los tenis y habla frente al micrófono.

—Humberto Luna, el anunciador número uno del mundo, va a narrar el comercial del Señor Gruñón en español y ¡quizá yo pueda hacerlo en inglés! Esperen un segundo, ¿qué va a decir Humberto Luna en el comercial del Señor Gruñón? ¿Y qué diría yo en inglés? ¿"Los zapatos del Señor Gruñón son realmente... eh... tontos"?

—Nooo —gimieron los niños.

—¿Entonces qué debe decir el comercial?

Los niños fruncieron el ceño, luego una niñita habló:

—Los zapatos del Señor Gruñón son muy bonitos.

—Sí, excelente. Los zapatos del Señor Gruñón son muy bonitos. Es exactamente el tipo de frase que se dice en un comercial. ¿Qué más puede decirse sobre los zapatos del Señor Gruñón?

Levantaron las manos. Un niñito regordete de camisa de rayas dijo:

—Los tenis del Señor Gruñón te harán ir realmente rápido.

—Eso es, los tenis del Señor Gruñón te harán ir realmente rápido.

Y así seguimos hasta que el grupo creó lemas publicitarios descriptivos y coloridos para el comercial de zapatos del Señor Gruñón. Repetí cada una de las frases creadas por los niños y les agradecí su colaboración.

Una niñita sugirió:

—Sería necesario contratar actores para que sostuvieran los zapatos.

Ésta es una idea muy sofisticada de una niña de 8 años, que al parecer ya había desprendido una de las capas de la cebolla de la publicidad. Percibió que los individuos que venden cosas en la televisión son contratados para vender, que no son gente real, que son actores. Para los niños, lo que ven en la red y en el televisor es incuestionablemente real y convincente. Eso incluye los comerciales dirigidos a ellos.

La cuarta lámina mostraba al Señor Veloz corriendo desde el estudio de grabación a Radio y Televisión KBUX, con un carrete de cinta de audio bajo su brazo.

—Y con todas sus geniales ideas, niños, ahí va el Señor Veloz por Sunset Boulevard a los estudios de KBUX, para poner el comercial del Señor Gruñón al aire. Ahí en los estudios están exhibiendo los tenis del Señor Gruñón en el programa matutino, y al fondo de la sala, el famoso locutor de radio Rick Dees dice en vivo: "Atención todo el mundo, volveremos después de nuestro primer comercial de los tenis del Señor Gruñón".

—El comercial del Señor Gruñón suena en la radio y la televisión de toda la ciudad y ¿quién debería estarlo viendo? ¡Tu mamá!

La quinta lámina tiene a una mujer alta con tubos en el cabello, que ve la tele y escucha el radio cuando pasa el comercial del Señor Gruñón. Los niños se burlaron y rieron por la caricatura de la mamá con tubos. Una burbuja de diálogo está sobre su cabeza, en ella hay una imagen de ella misma, del papá, los dos hijos y el perro, todos usando los tenis del Señor Gruñón.

—Y mamá piensa para sí "Este comercial es increíble. Está controlando mi cerebro. Voy a comprar un par de tenis del Señor Gruñón para mí, para papá, Sissy, Sonny y el perro".

—Pero mamá, eso te saldrá muy caro —advierto—. ¡Un par para cada miembro de la familia y 2 para el perro! Niños, ¿cuánto es 39.95 dólares por 6? Son casi 240 dólares.

Al final de la sesión de 30 minutos, los niños más entusiastas del grupo del maestro Matsamura me ayudaron a empacar mis láminas. Al poblar esta historia sobre la publicidad con un elenco de personajes —El Señor Gruñón, Humberto Luna y Rick Dees—, y al alentar a los niños a verbalizar sus pensamientos sobre los comerciales —en qué consisten y qué venden— ellos empezaron a entender a los actores y a desmitificar el proceso publicitario, que por naturaleza es una manipulación, una obra de magia, y para la mayoría de los espectadores, especialmente para los niños, un misterio.

Lo que dijo el psicólogo 14

Asistí a una conferencia para padres en una escuela primaria privada, en la que un psicólogo infantil expuso sus ideas sobre los niños y los medios digitales. Parecía prometedora. Dicha escuela tenía reputación de contar con académicos excelentes y con una atmósfera humana y agradable para los niños. El psicólogo atendía a algunos de los niños de la escuela, así que la administración se sintió segura de invitarlo a hablar de un tema que, todos sabían, era popular entre los padres.

El auditorio se llenó rápidamente. Los padres estaban ansiosos por escuchar algunas respuestas sobre la manera en que la tecnología digital afecta a sus hijos, cuánto tiempo ante la pantalla es demasiado y de qué forma pueden regular su uso, pero lo que en realidad presenciamos fue una severa acusación sobre el hecho de que Internet es un refugio para espías de niños y pederastas. Todos hemos escuchado historias desconcertantes sobre menores de edad que desaparecen tras una cita con alguien que conocieron por Internet. Es el tipo de historias que el psicólogo contó esa noche.

La primera vez que traté de advertir a mis hijas sobre los predadores que puede haber en los *chats*, pusieron los ojos en blanco y me informaron que en la escuela les habían dado mucho entrenamiento sobre la seguridad en Internet.

Sus maestros de computación les habían enseñado a no dar información personal en línea y les indicaron cómo afrontar extraños sospechosos en un *chat*, un correo electrónico o una lista de correos. Suspiré vacilante en señal de alivio.

Pero de acuerdo con el psicólogo de la conferencia a la que asistí, Internet es el sueño hecho realidad de los agresores de niños. Me impacienté. Sí, los niños necesitan tener cuidado en Internet, pero ese hombre nos estaba contando historias de terror.

Levanté la mano y dije:

—Señor, no tengo duda de que nos cuenta la verdad. Hay cosas terribles que pasan debido a Internet, pero creo que la preocupación principal es cómo controlar el uso de medios electrónicos por nuestros hijos en casa.

Hubo personas que asintieron. El psicólogo me escuchó. Dio un giro y empezó a sugerirnos que buscáramos en Internet sitios y organizaciones que ofrecieran consejos a los padres sobre las tácticas y las estrategias que pueden emplearse con los niños para controlar el tiempo que pasan ante las pantallas.

Resulta irónico que el mejor lugar para buscar información sobre la forma de controlar Internet sea Internet. La magia de la red consiste en que puedes *googlear* sobre cualquier cosa y recibir cientos de consejos y enlaces de manera instantánea. Es posible buscar frases clave, como "grupos de padres para la vigilancia de los medios infantiles", "educación y medios infantiles", "estrategias parentales para el uso de Internet", "regular el uso de la tele y el Internet para los niños", etcétera. Puede intentar con sus propias frases. Las posibilidades son casi infinitas y los recursos en la red para los padres son abundantes. Si quiere encontrar ayuda en donde vive, simplemente agregue el nombre de la ciudad a su frase de búsqueda y encontrará algo (por ejemplo, "grupos parentales de vigilancia mediática Salt Lake City").

Actualmente, existen miles de sitios útiles y recursos

con los que disponen los padres sobre el tema de los medios y los niños. Otro lugar que vale la pena ver queda cerca de su casa: su vecindario, la escuela de sus hijos, su grupo de cuidado de niños, comité escolar y centro religioso. Las preocupaciones que tiene sobre sus hijos y los medios son compartidas por casi todo el mundo, incluso por ellos mismos.

Ellos saben cuándo están pasando demasiado tiempo en los videojuegos, en línea o frente al televisor. Pueden sentirlo, quizá sólo no sepan cómo detenerlo. Ahí es donde usted interviene.

Los recuerdos más preciados que tengo sobre los primeros años de mi niñez son de conversaciones que tuve en el carro, desayunando o antes de dormirme. Ahí es donde puede hablarse sobre el tiempo ante las pantallas. Los padres tenemos diversas ideas sobre la crianza y existen muchas áreas de la conducta humana sobre las que queremos conversar con nuestros hijos. Dejar pasar las oportunidades no es nada difícil. Con los temas delicados que pueden llevar a conflicto, a menudo lo más fácil es no decir nada y limitarse a rezar para que nuestros hijos hagan lo correcto, pero conversar con los pequeños es más fácil de lo que piensa.

La mayoría de los niños están dispuestos a comprometerse con sus padres, a expresar sus opiniones y a explorar su pensamiento argumentativo. Eso puede llevar a las familias a conversaciones fructíferas y constructivas sobre cuánto tiempo ver la tele, el uso de los teléfonos inteligentes, la navegación en Internet, los videojuegos, etcétera. ¿Necesita tener una posición bien formulada antes de hablar con sus hijos? No necesariamente. Cada niño es diferente. Lo que se le dice a un hijo cuando se trata de preguntas, opiniones y conjeturas fundadas varía de un niño a otro, lo importante es dialogar. Dialoguemos con preguntas, opiniones y conjeturas fundadas. Los efectos a largo plazo del uso excesivo de Internet en los niños aún son desconocidos, pues sólo se han hecho estudios preliminares. De todos modos, sabemos que mucho tiempo ante la pantalla, sin importar el tipo, es lo mismo que ver mucha televisión. En el mejor de los casos, es una pérdida de tiempo.

La polilla

Una de las cosas que mantienen a mi familia sana y feliz en este mundo digital lleno de cables es participar en una de las actividades menos digitales que puedo imaginar: contar historias. Durante años los padres de mi esposa, Jack y Sophie Corwin, se quedaban en casa durante las fiestas navideñas; cada año hacíamos una fiesta de Año Nuevo en su honor. Aunque, pasado un tiempo, me aburrí de la misma champaña barata y de los entremeses de salchicha envuelta en tocino, así que cambié las reglas. Le pedí a nuestros invitados, jóvenes y mayores, que prepararan algún tipo de acto: una broma, un poema, un recuerdo familiar, una canción o una historia. Mi esposa me rogó que no le cerrara la puerta a quien se negara a cantar para cenar. No tuve que hacerlo.

Para mi sorpresa, la mayoría de nuestros invitados accedieron de buena gana a mis condiciones. Algunos llegaron con bromas, otros cantaron canciones y muchos contaron historias. Nuestro cabaret casero de Año Nuevo resultó ser una celebración alegre, no sólo por las voces melodiosas de nuestros amigos y su habilidad para hacer rimas, también por el encanto enorme y conmovedor de sus diversas personalidades e historias. Les pedimos a todos que apagaran sus celulares y, después de las entradas y los licores de rigor, nos sentábamos y disfrutábamos de las canciones e historias de cada uno.

El mejor cuentacuentos era el abuelo Jack Corwin quien, a los 83 años, había empezado a asistir a un taller de escritura en la escuela para adultos municipal. Las historias que nos contaba esa noche sobre la pobreza durante la Gran Depresión eran fascinantes.

La nuestra no fue la única fiesta que instituyó esta tradición de entretenimiento. Una noche en Nueva York, en 1997, el novelista Georges Dawes Green, nacido en Georgia, invitó a sus amigos a su departamento y les pidió que contaran historias personales de 5 minutos. La velada fue tan exitosa, que sus amigos le pidieron que hiciera de la sesión de cuentacuentos un evento regular.

Green formó una organización llamada La Polilla (TheMoth.org), dedicada al arte de contar cuentos de manera individual. El nombre proviene de uno de los recuerdos de infancia de Green, de sus amigos y familia contando historias en la noche, fuera del cobertizo, mientras las polillas revoloteaban alrededor de la lámpara. La Polilla, una organización sin fines de lucro, se encarga de realizar puestas en escena itinerantes y patrocina concursos de cuentacuentos en cafés, teatros y clubes nocturnos de todo el país. Su programa radiofónico *The Moth Radio Hour* (La hora de La Polilla) recientemente ganó el premio Peabody, una distinción que se le concede a programas de radio y televisión de calidad. Los jueces de Peabody dijeron: "Contar cuentos, quizás el arte más antiguo, es venerado y revitalizado en esta hora para los narradores de la vida ordinaria".

Cada semana se puede escuchar en la radio programas de cuentacuentos como *This American Life*, *Snap Judgement* y *The Moth Radio Hour*. Las asociaciones de cuentacuentos de todo el país producen sus propios programas de radio y *podcasts*. No estoy diciendo que todo mundo deba hacer lo que hizo La Polilla de George Dawes Green, pero una velada organizada de cuentacuentos con amigos y familia, o una salida nocturna para ver a un cuentacuentos, es enteramente plausible y puede resultar muy divertida.

El tercer martes de cada mes se lleva a cabo en el club Los Globos, en Sunset Boulevard, al este de Hollywood, la noche de cuentacuentos de La Polilla. Cada mes reviso la página de La Polilla para ver los temas de cada sesión. Recientemente, el tema fue el escape. Mi esposa y yo cenamos algo rápido y luego fuimos a Los Globos. Ensayé mi historia en el carro. Como siempre, antes de contarle una historia a una audiencia en vivo, estaba un poco nervioso. La historia que iba a contar esa noche era sobre mí y mi amigo Gerry O'Reilly, sobre la fatídica mañana de verano cuando apenas logramos escapar del departamento de unas chicas, cuya madre nos echó a patadas.

Mi esposa y yo hicimos fila fuera de Los Globos. Cuando llegamos a la puerta, pagamos nuestra entrada de 8 dólares y subimos por la escalera de madera que nos conducía a la sala, que ya estaba llena de gente que había llegado para escuchar a los cuentacuentos. En el proscenio, los cuentacuentos llenaban formularios y los depositaban en una bolsa, que se usa para seleccionar al que contará la primera historia de la noche. Un presentador alto, de más de 30 años, subió al escenario, dio la bienvenida al público y explicó las reglas.

—La Polilla se basa en historias reales —dijo—, no tenemos a alguien para verificarlas, pero tenemos jueces voluntarios y queremos escuchar historias de 5 minutos que tengan un principio, una parte central y un final; historias que tengan algún interés y que capten nuestra atención. El ganador del concurso de esta noche competirá en el gran concurso de La Polilla y el ganador de éste volará a Nueva York para el Baile Anual de La Polilla.

Metí mi formulario en la bolsa, entre al menos 40 nombres más. Los papeles se tomarían al azar a lo largo de la noche y 10 de nosotros seríamos convocados al escenario para contar una historia personal de 5 minutos durante las 2 horas del evento. Ser cuentacuentos en La Polilla no es sólo tener un acto de apertura de una noche de espectáculo más amplia, es el evento principal. El público era joven y estaba de pie, eran cerca de 200 personas las que estaban ahí para escuchar historias.

Había unas cuantas personas de pelo plateado, como el mío, en la audiencia, pero la mayoría estaba al final de los veinte o a principios de los treinta: la generación digital que pasó sus días trabajando en computadoras, navegando en Internet, enviando mensajes de texto, revisando su cuenta de Instagram, Snapchat y Facebook. Aunque asisten para algo diferente. Una noche de concurso de La Polilla es para alejarse lo más que se pueda del mundo cableado. Los espectadores están ahí para ver a sus compañeros participar en una actividad que se ha efectuado en las congregaciones humanas desde tiempos inmemoriales: contar cuentos. A los miembros de la generación digital, La Polilla les sirve como un antídoto para el reino de la tecnología de punta en el que viven durante el día. Excepto por el micrófono y por las luces del escenario, nada en esta velada era otra cosa que tradición humana.

Esa noche las historias fueron de lo gracioso a lo trágico, de lo embarazoso a lo mundano. Después de que terminó el cuarto cuentacuentos y los jueces dieron su puntuación, el presentador tomó el sombrero y sacó mi nombre. Caminé hacia el costado del escenario. Estaba nervioso, como siempre que me presento ante extraños. ¿Se me olvidaría mi historia y me quedaría en blanco viendo las luces del escenario? Al empezar a contar mi historia intrépida, olas de risa salieron de la multitud. Logré contar la historia sin traspiés y los aplausos fueron sinceros. Los jueces me dieron calificaciones generosas.

Durante el resto de las historias en esa noche estuve atento a las puntuaciones de los jueces; después del último cuentacuentos, el presentador repitió los puntajes y anunció que yo era el ganador de la noche. Estaba muy emocionado. Había participado en un ritual honorable al contar una historia ante una multitud. En esas 2 horas, un grupo de extraños compartió debilidades y tropiezos, tanto felices como tristes. Nuestras historias nos habían acercado.

Poco después del concurso, recibí un correo electrónico del taller de La Polilla y su Programa de Educación Comunitaria, donde me invitaban a asistir a una sesión de cuentacuentos de adolescentes en la escuela Colburn, en el centro de Los Ángeles, a un lado del Museo de Arte Contemporáneo. La Polilla lleva a cabo talleres con estudiantes y adultos marginados en barrios desfavorecidos. El objetivo del programa es mejorar las habilidades sociales, analíticas y literarias de los estudiantes, mejorar su desempeño académico y su autoestima.

La velada era auspiciada por Participant Media, una compañía de entretenimiento de Hollywood. Las sesiones de cuentacuentos de verano de La Polilla y Participant Media se centraban en el tema de la sobrevivencia. Durante el taller, los estudiantes crearon historias que hablaban de la sobrevivencia a pesar de las situaciones difíciles y los retos. La exhibición pública se llevó a cabo por escolares que contaban las historias que habían desarrollado durante el taller.

Fue una noche estupenda. Hubo 8 chicos de 18 años en el escenario. Uno a uno se levantaron y presentaron historias triunfantes, muchas veces desgarradoras, de cómo se habían sobrepuesto a la adversidad y habían salido adelante por sí mismos. El reportero James Rainey, quien asistió al espectáculo esa noche, escribió: "El público de Colburn aplaudió a rabiar, algunos se levantaron de sus asientos".[32]

Me siento como si fuera un evangelizador cuando escribo sobre contar cuentos. Creo en el poder de contar historias para sanarnos en esta era digital e impersonal. A juzgar por el número de espectáculos de cuentacuentos en vivo que hay actualmente en los teatros de la ciudad, me complace anunciar que contar cuentos se ha vuelto casi tan popular como los *shows* de comedia. No a todos les gustan los cuentacuentos, pero el hecho de que exista un lugar en el que podamos escuchar a otros humanos y transportarnos a otro mundo con una simple historia puede resultar un gran alivio en nuestro mundo cotidiano y cableado. Los eventos de cuentacuentos ofrecen a las familias el antídoto para el estrés tecnológico y la sangre fría que algunas veces caracteriza a la vida digital.

Para las familias, confrontar los obstáculos de la era digital puede ser una batalla o un reto creativo. Me parece que, con un poco de improvisación, creatividad y el deseo de probar cosas nuevas (como escuchar cuentacuentos), podemos aligerar nuestra carga e inyectar diversión a nuestras vidas de forma simple.

Las familias hablan 16

Los medios de comunicación están llenos de fórmulas sobre las maneras en que las familias pueden manejar la tecnología digital y el entretenimiento electrónico en casa. Sin embargo, cada familia tiene necesidades y valores únicos, y cada una debe determinar los principios y las prácticas que le funcionarán. Entrevisté a varias familias —tanto a los padres como a los hijos— para conocer lo que ellos hacen. Las opiniones aquí expresadas son sólo de la gente que entrevisté, pero podemos aprender mucho del criterio de otros.

Las siguientes son transcripciones de las entrevistas que realicé con gente real y en contextos variados —maestros, un psicólogo, una diseñadora de páginas de Internet, una consultora de nuevos medios de comunicación, un contratista eléctrico, y sus hijos—. Entrevisté primero a los niños y luego a sus papás, y le pedí a cada persona que recordara cómo y por qué la tele, los videos, los celulares, las computadoras, las consolas de juego y otros dispositivos digitales eran regulados y controlados en su casa. Les pregunté cuáles eran las reglas y si las reglas en verdad funcionaban o no. También les pregunté a los padres si regular la tecnología en el hogar influía en el desempeño académico de sus hijos. Finalmente, le hice las mismas preguntas a mis propias hijas.

Revise estas propuestas y ejemplos, y decida cuáles pueden ser útiles para su familia.

Familia 1: Larry, Anna Marie, Nina y Marc

Larry es psicólogo. Su esposa, Anna Marie, da clases en la universidad sobre los nuevos medios de comunicación. Sus 2 hijos, Nina, y su hermano menor, Marc, son estudiantes universitarios.

Los padres

Pregunta: ¿De qué forma se usó la tecnología en su casa cuando sus hijos eran pequeños?

Anna Marie: Cuando mi hija, Nina, tenía 2 años, usaba mi computadora Macintosh para hacer dibujos con el programa Kid Pix. Se sentaba en el estudio, con sus piernitas colgando del taburete, y me llamaba: "Mami, necesito que le cambies el color al fondo de pantalla".

Para nuestra familia, no se trataba de restringir el acceso a la computadora, se trataba de educar a nuestros hijos sobre cuál es su utilidad, sobre lo que puede hacer. Para sobrevivir en el trabajo, nuestros hijos tenían que estar alfabetizados informáticamente. ¿Por qué no enseñarles desde pequeños? Si tuviera que volver a hacerlo, recompensaría a mis niños con tiempo libre en la computadora a cambio de que tomaran clases de programación informática. De todos modos, les permitíamos ver la tele y jugar videojuegos cuando terminaban su tarea. Funcionó, ambos están en la universidad y les va bien.

P: ¿Tuvieron problemas en casa relacionados con el uso de la tecnología por parte de los niños?

Larry: Cuando era niña, Nina veía los videos una y otra vez, así que surgió el tema: ¿la videocasetera era una succionadora de tiempo? Claro que lo era. Así que impusimos una serie de reglas flexibles, con las que especificamos que la tarea debía estar lista antes de que los niños pudieran ver videos. Estaban ocupados, porque cuando salían de la escuela iban a actividades deportivas y clases de música; no eran niños que pasaran la tarde sin supervisión parental, así que no tenían mucho tiempo para ver tele o videos. Recuerdo que fue todo un tema la mensajería instantánea de AOL, que fue muy popular durante una época. Hablamos con Nina sobre cómo debía responder si alguna vez se enfrentaba a conversaciones que le resultaran incómodas, lo que nos facilitó mucho las cosas. Tuvimos suerte, Nina siempre fue una buena estudiante y escogía amigos que nos agradaban. Cuando entró a la prepa, hubo un ligero alejamiento, lo que es bastante normal, y no sabíamos todo sobre sus amigos, pero nunca sentí que tuviera que empezar a vigilarla de alguna manera o a espiarla. Era una niña confiable. Llevaba una vida transparente y no nos ocultaba gran cosa. Respetábamos su privacidad.

P: ¿Tus hijos tenían acceso ilimitado a las computadoras?

Anna Marie: Cuando nuestros hijos cumplieron 11 años, cada uno tenía su propia computadora. En nuestra casa yo era la encargada de actualizar las computadoras y darles mantenimiento, así que mis hijos sabían que podían recurrir a mí para resolver casi cualquier asunto relacionado con las máquinas, sin tener que espiarlos de ninguna manera. Nunca olvidaré a mi hijo de 9 años señalando los resultados pornográficos de una búsqueda en Google. Estaba en *shock*, así que lo hablamos. No estoy segura de cómo puede evitarse en estos días, pero para nosotros nunca fue un problema. Éramos honestos, no castigábamos.

P: ¿Había diferencias entre la manera en que tu hijo y tu hija usaban la tecnología?

Larry: Cuando Nintendo sacó su primera consola de juego, Marc se aficionó de inmediato, así que tuvimos que imponerle límites temporales con los videojuegos. Hay juegos al alcance de los niños en los que pueden robar carros, golpear prostitutas y asesinar gente. A eso hay que agregarle la naturaleza repetitiva de los videojuegos y los efectos que puede tener sobre su sensibilidad en términos de sexo y violencia; es un desastre garantizado. Eso me inquietaba mucho. Nos parecía que juegos como *Grand Theft Auto* eran completamente inapropiados para un niño de 12 años, así que hablamos con Marc sobre las razones por las que no nos gustaban los juegos de contenido violento y sexual, y simplemente no permitimos esos juegos en casa. Lo mantuvimos ocupado con deportes y música, así que no tenía demasiado tiempo para los videojuegos.

P: En retrospectiva, ¿habrían manejado la tecnología de forma diferente?

Anna Marie: Si hubiera sabido lo que sé ahora, hubiera vinculado nuestras restricciones a que aprendieran más sobre el mecanismo de la computadora. Les hubiera insistido a mis hijos para que aprendieran sobre la mecánica interna. Es más fácil en la actualidad. Ofrecen cursos de programación para niños de primaria. Los padres pueden inscribir a los niños en cursos de diseño de videojuegos. Se ha demostrado que algunos niños aprenden mejor con ayuda de aplicaciones educativas interactivas. Es el tipo de cosas que un niño necesita hacer, en lugar de estar sentado pasivamente moviendo una palanca y viendo cómo las cosas explotan en la pantalla.

P: ¿Hubo conflictos en su familia sobre el uso de la tecnología?

Larry: No todo eran charlas relajadas. Definitivamente tuvimos conflictos, especialmente con nuestro hijo, sobre el tiempo que quería pasar con sus videojuegos, que sin duda era su actividad preferida. Nunca se los prohibimos completamente, pero ninguno de los 2 se sentía cómodo de que pasara toda la tarde jugando. Mi postura era: "Ya fue suficiente, hagamos algo más". Supimos de forma intuitiva que los videojuegos son adictivos y que era nuestra responsabilidad moderar su uso. Su hermana mayor era una lectora voraz, caminaba con un libro bajo el brazo, pero a

Marc debíamos insistirle para que leyera. En su último año de la prepa, se interesó por la lectura extracurricular. Así que si tuviera que hacerlo otra vez, haría lo mismo. No sería más duro ni más severo con mi hijo, volvería a entablar el mismo diálogo, expresaría mi opinión, pues avergonzar a un niño por su conducta no sólo resulta inútil, sino que puede llegar a destruir la relación padre-hijo.

P: Si tuvieran que aconsejar a las familias más jóvenes, ¿qué les dirían?

Anna Marie: Los padres del futuro tendrán problemas cada vez más difíciles, no sólo por el número de pantallas y sistemas de transmisión, sino por los grandes proveedores de Internet, como Comcast, AT&T y Verizon, que le están poniendo precio a lo que era gratuito, y disminuyendo el uso de servicios como YouTube. Habrá una división entre quienes puedan pagar cierto acceso a Internet y los que no. La época dorada de la neutralidad en la red y el acceso gratuito al conocimiento y la información desaparece, al tiempo que somos testigos de la concentración de poder en los corporativos. Además, la siguiente generación de padres digitales enfrenta grandes temas sobre la seguridad y la privacidad conforme la red perfecciona sus sistemas de rastreo y almacenamiento de nuestros datos personales. La próxima vez que su hijo se inscriba a una red social, será mejor que lea los términos del servicio y esté consciente de los derechos que está cediendo antes de dar clic en "Acepto".

Larry: Puede que la tecnología cambie, pero las relaciones familiares son una constante. Padres e hijos necesitan negociar sobre la tecnología. La situación sobre la que debe negociarse puede cambiar —ya sea el teléfono celular, un juego, un toque de queda, un automóvil, una droga o un mal amigo—, pero las habilidades que debe tener un padre para establecer límites e imponerlos siguen siendo las mismas.

En relación con los controles parentales, Larry también mencionó que algunos padres quieren proteger tanto a sus hijos, que les impiden hasta imaginar que están jugando con una pistola. Larry señaló que es normal que los niños muestren una conducta agresiva mientras juegan, pues imaginan situaciones hipotéticas en donde hay buenos y malos o rivalidades con las que intentan dominar y vencerse unos a otros, casi siempre con armas de juguete. Establecer una conexión entre este tipo de juego y el uso de armas verdaderas para causar violencia real es algo muy diferente. Los niños participan en juegos-actuaciones espontáneos en los que sus impulsos agresivos y la violencia se expresan a través de la diversión. Puede ser imitativo y basarse en lo que ven en los programas de televisión, las películas o los videojuegos, pero es una forma activa de esparcimiento imaginativo que inician los jugadores y que se resuelve de alguna manera mediante el argumento que crean juntos.

Sin embargo, con los videojuegos violentos y de gran presupuesto de la actualidad, el espectador no inicia ni imagina, más bien se sienta a ver pasivamente, contempla un guión violento, escrito y producido con el propósito de entretenerlo, con una serie compleja (y hábilmente ensamblada) de imágenes violentas que le hacen creer que dispara un arma o roba un carro.

El presupuesto de producción de un videojuego como *Grand Theft Auto 5* (GTA5) fue de 265 millones de dólares. La revista *Hollywood Reporter* informó que a sólo 3 días de su lanzamiento había ganado más de mil millones de dólares. El usuario de un videojuego sofisticado e interactivo es esencialmente un observador que se limita a apretar botones. Los profesionales de la salud mental y los educadores consideran que la naturaleza repetitiva y adictiva de los videojuegos, sobre todo si contienen imágenes de violencia y sexo, pueden insensibilizar al jugador sobre los efectos de la violencia y los actos sexuales violentos, reduciendo el nivel natural de empatía, específicamente en un niño. Por eso los padres responsables sienten intuitivamente que deberían restringir el acceso de sus hijos a este tipo de juegos.

Los hijos

P: ¿Cómo usabas las nuevas tecnologías cuando eras niño?

Marc: Cuando tenía 7 años realmente quería un Gameboy. La pantalla a color estaba por salir. Mis padres hicieron un trato conmigo, tenía que terminar de leer mi primer libro; y debía ser de al menos 100 páginas. Leí uno y me compraron un Gameboy, pero había reglas. Mamá definitivamente estaba encima de mí cuando jugaba demasiado, y cuando lo hacía, me decía "No habrá Gameboy durante una semana". Una vez me amenazó con venderlo. Sí me lo quitó algunas veces, pero no lo vendió. Luego me regalaron un Xbox en Navidad y me volví bastante bueno en ver desde la ventana cuando mis padres llegaban a la casa, pues sabía que se enojarían si jugaba más de lo que se suponía.

P: ¿Qué tipo de reglas se establecieron en su casa sobre los medios electrónicos?

Nina: Nuestros padres no eran tan estrictos en realidad. No había control parental en la tele o en nuestras computadoras, pero les preocupaba el contenido. Si queríamos ver *South Park*, teníamos que ir a casas de amigos. Si fuera niñera y tuviera que establecer reglas para los niños, definitivamente no los dejaría sentarse todo el día a jugar videojuegos o a ver videos. Por eso no me gusta ser niñera, los niños se aprovechan de ti diciendo cosas como "Uy, mamá sí nos deja verlo". Los padres te dan unas instrucciones diferentes, pero las omites porque no quieres ser considerada una mala persona, aunque no sean tus hijos.

P: ¿Recuerdan de qué manera sus padres trataron de imponer reglas respecto a la tecnología?

Marc: Mis padres trabajaban y llegaban a casa a la hora de la cena. Mi hermana y yo llegábamos más temprano de la escuela, por lo que le decíamos a la niñera: "Mis papás me dan permiso de usar el Gameboy. Ya hice la tarea". Así, cuando llegaba de la escuela, estuviera o no con amigos, lo primero que hacía era encenderlo. Mis padres nos revisaban la tarea diario, así que no podía jugar todo el tiempo. Jugaba, sobre todo, juegos deportivos. No me dejaban jugar cosas como *Grand Theft Auto*. No querían que viéramos sexo y violencia. Si quería un juego nuevo, mi papá me llevaba a la tienda y así sabía lo que compraba. Pero en la preparatoria me dejaron de interesar. No tenían mucha trama ni intriga. Tomé un curso avanzado de literatura, me di cuenta de que me gustaba leer y que pasaba mucho tiempo con los videojuegos, así que vendí mi Xbox y compré un boleto para un festival de rock.

P: Ambos están en la universidad. ¿Creen que el acceso a toda esa tecnología afectó sus habilidades para estudiar?

Nina: Si mi hermano me hubiera dicho en la preparatoria que iba a estudiar la Licenciatura en Matemáticas, no le hubiera creído. Veíamos mucha tele juntos. Pero le está yendo muy bien.

Y la universidad tiene sus propios retos. Los profesores universitarios están tomando medidas enérgicas en estos días. Muchos de mis profesores no permiten las *laptops* en el salón porque saben que los chicos están en Facebook, Instagram y Pinterest y no ponen atención a la clase. Soy asistente de profesor en una escuela de posgrado y veo cómo los chicos trabajan en sus ensayos o compran en línea cuando se supone que deberían concentrarse en la clase. Así que al menos la mitad de los profesores de mi universidad han prohibido las *laptops* en clase. Al parecer los chicos no pueden resistirse a las redes sociales ni alejarse de ellas, mientras que sus padres han desembolsado miles de dólares en la colegiatura.

Debo admitir que cuando hago tarea después de clases, tengo mi correo electrónico abierto y tengo instalado el iChat en mi computadora, así que puedo enviarles mensajes de texto a mis amigos. Paso de estar trabajando en mi tesis a analizar algo más, me llega un correo y lo respondo inmediatamente porque hay un aviso en mi pantalla. Así que en esta época raramente empiezo y termino una sola actividad de una sentada. Siempre estoy en varias cosas a la vez y por eso estoy definitivamente menos concentrada. No estoy segura de que toda esta tecnología sea de gran ayuda cuando está funcionando al mismo tiempo.

Mi mamá adoptó la tecnología desde muy temprano, así que mi hermano y yo crecimos con las computadoras, los juegos y el *software* de arte. Pienso que eso fue una ventaja. Manejar la tecnología en el mundo de hoy es crucial. Tengo recuerdos maravillosos de cuando era pequeña y estaba con mi mamá en el cuarto de edición. Tenía una versión de los *Sims* de los noventa en su computadora, en donde me dejaba crear ciudades y desastres naturales, todo en blanco y negro, muy de vieja escuela. Pero ya no me interesan los juegos de computadora.

Marc: Si pudiera retroceder en el tiempo y cambiar lo que pensaba cuando era niño, probablemente hubiera leído más. Probablemente me hubiera interesado más por las matemáticas, las hubiera practicado más. Solamente para acostumbrarme a ellas, pues haría maravillas en el futuro. Definitivamente desearía haber pasado menos tiempo con los videojuegos y más tiempo leyendo. Creo que ahora estaría más desarrollado. Estoy bien, pero podría haber mejorado.

Marc ya no juega en la computadora. Está en el tercer año de la Licenciatura en Matemáticas. Su hermana mayor, Nina, es licenciada y estudia una maestría en Estudios Internacionales. Consiguió recientemente un trabajo en una firma de investigación en Ciencias Sociales de Washington, DC.

Familia 2: Sara

Sara es una madre casada con 3 hijos, de 12, 18 y 20 años. Es la mayor de 10 hijos y proviene de una familia de clase media del Medio Oeste. Sara diseña páginas de Internet y gráficas impresas.

P: ¿Cuándo fue la primera vez que te preocupaste por tus hijos y los medios electrónicos?

Sara: Antes de convertirme en madre, desarrollé una especie de plan con mi esposo. Creíamos que nuestro deber como padres era criar a los niños para que se convirtieran en gente segura de sí misma, que para los 18 años estuvieran listos para irse de casa y convertirse en adultos viables. Nuestro plan de crianza implicaba una manera para lidiar con la tecnología en casa. Cuando mi esposo y yo empezamos a vivir juntos, ya había visto mucho caos digital en la casa de otras personas, por lo que sabía que debíamos controlarles la tecnología a nuestros futuros hijos. No se trataba de prohibirles que la utilizaran. Se trataba de que aprendieran a usar una computadora de forma responsable para hacer diferentes cosas, como transacciones bancarias en línea, la tarea escolar y poder mantenerse informados de lo que pasa en el mundo.

Vivimos en un mundo digital, gran parte de la educación y del comercio se basan en las computadoras, así que supusimos que sería importante para nuestros hijos aprender sobre la tecnología y cómo usarla de forma responsable y moderada. Si no sabes cómo usar la tecnología en la actualidad, no puedes ser un adulto viable y probablemente no tendrás habilidades para entrar al mercado laboral. No sólo es una cuestión de cómo usar la tecnología, sino de cuándo y por qué usarla. Creo que el padre moderno tiene que hacer mucho más que aparecer en la fiesta de 6 años de su hijo con una caja llena de tecnología y decir "¡Wow! ¿No te parece que todo esto es divertido, bonito y maravilloso?".

Fui la mayor de 10 hijos en una familia religiosa, donde

mis padres no permitían la televisión, las computadoras o los medios electrónicos de ningún tipo. Supongo que era por lo que les enseñaban en la iglesia, pero mis padres nunca explicaron la razón por la que no teníamos tele, videos o computadoras en la casa. Cuándo les preguntábamos por qué, nos respondían: "Porque lo digo yo".

Me volví una lectora voraz. Pasaba mucho tiempo en la biblioteca; les agradezco a mis padres eso. Pero cuando visitábamos la casa de un amigo, nos excedíamos con la tele. No podía entender por qué un amigo podía ver su programa favorito en la tele, luego apagarla e irse. Yo quería seguir viendo, probablemente porque estaba privada de tele y videos en mi casa. Y no se hablaba de ello en mi familia. Simplemente teníamos prohibido cualquier medio electrónico.

Así que he hecho lo opuesto. Mi esposo y yo tenemos un diálogo muy activo y consciente con nuestros hijos sobre la tecnología. Ciertamente hemos puesto controles en muchas cosas, pero no como castigo, y el hecho de que alentemos la conversación y la negociación con ellos nos ha facilitado las cosas. Sabemos que la educación moderna depende de iPads y computadoras; siento que es mi responsabilidad estar al tanto de lo que está pasando, de forma que pueda educar a mis hijos sobre las redes sociales, la tele inteligente y la navegación en la red en lugar de llevarme sorpresas desagradables al enterarme de lo que hacen por su cuenta.

Mis hermanos y yo estamos criando a nuestros hijos y tenemos posiciones muy diversas sobre la tecnología. Algunos no tienen ningún tipo de regla y algunos lo hacen a la vieja usanza, prohibiendo totalmente los medios modernos en casa. Mi mamá aún tiene menores de edad en casa y compró su primera computadora en 2011. Me he dado cuenta de que algunos de mis hermanos se han vuelto adictos a los medios. Cuando éramos niños, no podíamos pasar frente a una tele en las tiendas sin detenernos y mirar sin descanso, hasta que alguien nos sacaba de ahí. La buena noticia es que algunos de nosotros nos volvimos lectores voraces porque en nuestra casa no había mucho más que hacer. Mi credencial de la biblioteca se usó muy bien.

No me gustaba el hecho de que no hubiera diálogo sobre los medios con mis padres, así que decidí qué clase de madre sería con relación a los medios incluso antes de tener hijos. Tenía claro que en mi casa iba a conversar y a dialogar con mis hijos. Además, tuve mucha suerte de conocer a un hombre dispuesto a hablar sobre la tele, las computadoras, los celulares y las redes sociales. Ha sido maravilloso para nuestros hijos.

Los niños necesitan saber con qué recursos cuentan. Si un niño no maneja las computadoras, sus posibilidades de trabajo en el futuro son muy limitadas. Al mismo tiempo, si lo único que hacen es ver la tele, navegar en Internet y jugar videojuegos, crecerán como bultos en el sillón. Me horroriza la conducta de algunos de los hijos de mis amigos, que ni siquiera pueden hacer contacto visual con los adultos porque siempre están mandando mensajes de texto. Es difícil de soportar, es como el ruido de las uñas sobre un pizarrón. Cuando estoy hablando con alguien, quiero hablar con él, no verlo enviar mensajes a alguien más. ¿Dónde está el Antonio Carreño de los buenos modales digitales?

P: ¿Qué haces con las computadoras en casa?

Sara: En nuestra casa cada uno tiene su propia computadora, pero todas están concentradas en un solo lugar. Convertimos el cuarto de invitados en estudio. Ahí es donde nuestros hijos pueden usar Internet, hacer su tarea, revisar su facebook, etcétera. No hay tecnología en sus habitaciones, no hay tele ni computadora. La habitación es un lugar privado y queremos mantener el mundo digital fuera de las habitaciones de nuestros hijos. No se sienten desposeídos, tienen acceso a la tecnología, pero no todo el tiempo ni en cualquier parte de la casa. Y si quieren contestar una llamada a su celular en su habitación, pueden hacerlo. No les hemos quitado su privacidad.

La tarea se hace siempre en el comedor o en el estudio. La tarea es un evento familiar. Diario hacemos la tarea con nuestros hijos cuando regresan de la escuela. Conozco a muchas familias que no pueden hacer eso, pero mi esposo y yo trabajamos en casa, así que nos damos el lujo de estar ahí cuando los chicos regresan de la escuela.

Cuando nuestros hijos cumplieron 13 años, los dejamos empezar a utilizar el autobús y le dimos a cada uno un celular, pero no un teléfono inteligente. Hay demasiadas tentaciones en esos teléfonos, demasiados juegos y aplicaciones, además de que pueden estar en línea en la escuela y en casa.

Estaban muy emocionados con la posibilidad de enviar mensajes de texto, pero omitimos a propósito la opción de mensajería al contratar el servicio telefónico. Retamos a nuestros hijos diciéndoles: "Si pueden darnos una muy buena razón, una razón lógica sobre su necesidad de enviar mensajes, los tendrán". Pero no pudieron. Dijeron cosas como "Todos nuestros amigos envían mensajes", a lo que yo respondía "Sí, pero esa no es una razón lógica para que tú envíes mensajes". Así que cuando están en clase o salen con sus amigos, no tienen la cara metida en el celular enviando mensajes todo el tiempo. Los dejamos usar Whatsapp para que puedan enviar mensajes si tienen acceso a una señal de wifi, así que no somos inflexibles ni antimensajes, sólo queremos que haya límites.

Planeamos el uso de la tecnología en nuestra casa de forma que, cuando estás hablando con alguien, no puedas hacer nada más. Prohibimos los celulares en el comedor. Desde el principio ha sido una regla en nuestra familia. Mi esposo y yo hemos tenido que dar el ejemplo. Tratamos de darles a nuestros hijos toda nuestra atención y siempre cenamos juntos. Dispusimos que los celulares se cargaran en la cocina; cuando estamos en casa, los celulares están ahí. Si entra una llamada importante, respondemos, de otro modo los celulares permanecen ahí. El celular no va con nosotros a todas partes, nosotros vamos por el teléfono.

No la establecimos como una regla irrevocable. Cuando lo necesitan, les permitimos dispositivos tecnológicos en sus vidas, de uno en uno, en lugar de que los usen todos al mismo tiempo; en lugar de imponerles reglas inexorables. Al principio les dimos a nuestros hijos un simple teléfono, de esos que se doblaban, y les dijimos: "Aquí tienes este teléfono que puedes usar para mantenerte a salvo cuando tomas el autobús hacia la escuela y de regreso". Y cuando volvían, nos lo regresaban. Poco a poco se los íbamos dejando por periodos más largos, pero tenían que ganárselo al encender y apagar el teléfono cuando era apropiado, responder a nuestras llamadas y llamar para avisarnos dónde estaban. Le dijimos a nuestros hijos: "Nosotros pagamos este teléfono, no creas que te lo mereces nada más porque sí".

La regla de Facebook es que no puedes tener una página hasta los 13, así que la cumplimos, y la impusimos para otras redes sociales como Instagram, Snapchat, WeChat, etcétera. Cuando los niños cumplieron 13, les ayudamos a abrir sus páginas de Facebook y les impusimos la regla de que teníamos que ser sus amigos de Facebook; si no, no podían abrirla.

Lo difícil de esto es que siento, como madre, que debo estar al día de toda esta tecnología. Es duro porque cambia a todo momento, pero siento que es mi responsabilidad. ¿Cómo puedo explicarles a mis hijos algo que no conozco? Pensamos seriamente muchas de estas cosas, y sobre la marcha improvisamos y cambiamos estrategias. La tecnología cambia de la noche a la mañana —nuevas redes sociales, nuevos dispositivos—, pero nunca olvidamos que nuestra responsabilidad es tener la tecnología para resolver nuestras necesidades y no para esclavizarnos o perder el tiempo.

Mi hermana se volvió madrastra y sintió que debía establecer su autoridad. En muchas ocasiones le quita el celular a su hijo, lo convierte en un castigo. Se lleva los controles de la tele y el video para guardarlos con llave en su habitación hasta que regresa a casa por la noche. Pienso que es un poco extremo, pero a ella le funciona.

Mi esposo y yo pasamos menos tiempo haciendo de la tecnología un castigo. Con nosotros se parece más a recompensar un buen comportamiento. Pienso que las familias que dialogan sobre la tecnología son las que más me impresionan. Los pequeños detalles y las estrategias que utilizamos son menos importantes que un diálogo abierto y honesto entre padres e hijos. De esa forma se vuelve un asunto de compartir ideas y no de disciplina y prohibición de cosas.

En nuestra familia, cada decisión relativa a la tecnología está acompañada de un diálogo entre nosotros. Tratamos de desmitificarla. Se trata de herramientas y de entretenimiento, y tienen su lugar. Tratamos de explicarles a nuestros hijos lo que pensamos sobre estos temas. No tenemos grandes peleas con nuestros adolescentes porque hablamos en familia, no sólo les imponemos reglas desde arriba. No lo sabemos todo. Mi hija tuvo que enseñarme cómo funciona Instagram y qué tiene de fascinante, así que algunas veces también los hijos nos mantienen informados. Debido a que tenemos un diálogo constante con ellos, no andan por los rincones tramando actividades perversas en Internet. Recurren a nosotros y se sienten orgullosos de compartirnos lo que saben.

Si le enseñas a un niño cómo aprender y cómo tomar el conocimiento, creo que podrá encontrarlo en cualquier parte. Se trata de abrir la mente y abastecerla de información, en lugar de quedarse sentado para entretenerse. Abrir un libro o ver un documental en Discovery.com, son dos actividades con las que se puede aprender si uno se permite ser guiado. Lo único que debes hacer es enseñarle a una mente pequeña cómo se hace eso, no creo que importe de dónde lo obtengas, si de un libro o de un iPad. Lo que importa es entrenar a los hijos para que absorban conocimiento. No queremos que el conocimiento se vaya.

Familia 3: Bridget, Peter, Sonja y Stefan

Peter y Bridget eran parte de las familias fundadoras de nuestra cooperativa para el cuidado de niños. Peter creció en Alemania, trabaja como contratista eléctrico y diseñador de sistemas de energía solar. Bridget creció en Jamaica y es maestra en una escuela pública especializada en enseñarle a niños sordos. Ambos migraron a Estados Unidos cuando estaban en los 20. Aquí se conocieron, se casaron y tienen 2 hijos. Su hija, Sonja, es 4 años mayor que su hermano, Stefan. Ambos ya están en la universidad.

Los padres

P: ¿Pusieron reglas en casa sobre la televisión, los videos o los nuevos medios electrónicos cuando sus hijos eran pequeños?

Bridget: A nuestra hija mayor, Sonja, nunca le gustó realmente ver la tele. Era una niña muy sociable, prefería salir y jugar con sus juguetes a quedarse viendo la tele. Nuestro vecino tenía los videos de canciones para bebés "Mamá volverá". De hecho intenté que Sonja los viera, pero no le interesaba mucho.

Con relación a las reglas sobre la televisión, primero tenían que hacer la tarea, y podían ver tele los fines de semana, pero había ciertas cosas que no los dejaba ver. En aquellos días la sensación eran los *Power Rangers*, los niños del vecindario usaban disfraces de los Power Rangers en Halloween. En el programa, los personajes arremetían unos contra otros con armas láser y se golpeaban unos a otros con técnicas de kung-fu. Yo no quería que mi pequeño imitara ese tipo de cosas, así que no vimos ese programa. Mi hijo quería ver *South Park,* pero a mí me parecía que por su corta edad imitaría las groserías y la crueldad cínica del programa. Fue una reacción visceral, no se basaba en otra cosa que no fuera un "No quiero que veas esa tontería".

Peter: Casi no veíamos tele, y yo no puse ninguna regla. Si hubo reglas, fue mi esposa la que se las impuso a los niños.

P: ¿Qué le permitían ver a los niños?

Bridget: Veían videos de Disney; eran un clásico de nuestra cooperativa. Cuando recibíamos a todos los niños un sábado por la noche, jugaban, cenábamos juntos, y luego los sentábamos frente a la tele con un video para mantenerlos ocupados durante 1 hora y 30 minutos.

P: ¿Intentaron impedir que sus hijos fueran adictos a la tele?

Bridget: La tele nunca fue un problema en casa. Me parece una pérdida de tiempo. No vemos tele en el día. No somos gente de tele. Mi hijo, Stefan, tocaba en una banda de *rock* en la prepa, así que no le interesaba ser un bulto en el sillón a esas alturas.

Nunca tuvieron tele en sus habitaciones, pues cuando estaban chicos no quería que estuvieran fuera de mi vista viendo algo que yo ignorara. En mi trabajo hablo con los padres cuyos hijos tienen teles en sus cuartos, y nunca creí que fuera una buena idea, porque nunca sabes lo que están viendo ni por cuánto tiempo. La tele se vuelve como una familia sustituta para algunos niños. En lugar de que se sienten con sus padres, la vean y conversen sobre lo que ven, se sientan solos en un cuarto y la familia empieza a desintegrarse. Éste era mi pensamiento visceral.

Tengo colegas trabajando en escuelas, que consideran que la cantidad de tele que ven los niños afecta su desarrollo cerebral. Deberían estar afuera jugando, creando juegos y ensuciándose un poco. Yo preferiría que mis hijos estuvieran en la calle, en sus bicicletas y jugando con amigos, enlodándose los pantalones, a tenerlos sentados frente a la tele. Es una noción que tengo sobre la crianza de los hijos: la tele y el Internet no son la familia, no son los padres. No quería que los medios electrónicos fueran las niñeras de mis hijos. Los niños decían: "Estamos aburridos, veamos la tele porque estamos aburridos", yo les respondía: "Apaga la tele, ponte a leer un libro. Sólo los tontos se aburren, hay muchas cosas que hacer en el mundo". Crecí en Jamaica, tenía que pedirles permiso a mis padres para ver la tele. Y eso sólo si les enseñaba primero que había terminado la tarea. Fui educada en una familia estricta, bastante rígida, por eso no consideraba que la vida de mis hijos debiera girar alrededor de la tele.

Peter: Yo crecí en Alemania. Teníamos 3 canales de televisión, así que no había tanta programación infantil que ver, y excepto por los meses de verano, oscurecía después de la cena, que era cuando nos mandaban a acostar. Mis padres se quedaban despiertos, leyendo.

P: ¿Tuvieron conversaciones con sus hijos sobre el uso de la tecnología digital en casa?

Bridget: Para mí era importante conversar con mis hijos. Siempre estaba cerca cuando hacían la tarea, por lo general en el comedor. En la prepa, Stefan fue a una escuela de cine para jóvenes aquí en el vecindario, donde creaban videos, aprendieron a editar y actuaban en las producciones de sus compañeros. Era muy creativo. Tomó el control sobre los medios, en lugar de limitarse a verlos. Actualmente Stefan regresa de la universidad y ve películas, el Canal de Películas Independientes y Netflix. Está estudiando teoría cinematográfica y retórica visual en la universidad, así que supongo que hace algo más que ver la televisión. Está analizándola en sus clases, me imagino que eso es mejor que ser un bulto en el sillón. Cuando hablamos sobre esto, es muy articulado y claro. Sus profesores realmente han potenciado su intelecto en términos de política y arte, y en la manera en que los medios envían mensajes a los espectadores. Quiero pensar que esto es porque realmente nunca lo dejamos ver muchas frivolidades. Su hermana, Sonja, estaba en el equipo de atletismo de la escuela y era corredora de fondo, así que o estaba corriendo o haciendo la tarea. Tenía el *messenger* de

AOL en la computadora de su habitación, pero no pusimos ninguna regla al respecto.

Peter: Los chicos tenían que compartir una computadora y la hermana mayor de Stefan dominaba un poco, especialmente cuando la mensajería instantánea era popular. No les dimos una computadora para cada uno hasta que estuvieron en la preparatoria, y fue a propósito. Tampoco tuvieron televisor en sus habitaciones. Cuando querían verla tenían que bajar a la sala.

P: ¿Sus hijos jugaron videojuegos?

Bridget: Cuando Stefan estaba en la secundaria, jugaba videojuegos. Pero no compramos los juegos extra violentos donde se mataba gente.

P: ¿Pidió alguno que fuera violento?

Bridget: Sí, pero le dijimos que no. No lo dejamos tenerlos. Hay mucha violencia en esos juegos. Pudo haberlos jugado en casa de sus amigos, pero nosotros no se los compramos. Si un juego estaba clasificado para adultos, no lo dejábamos. Nos ceñíamos al sistema de clasificación de los videojuegos. Me parecía que ver videojuegos o programas de televisión violentos afectaría de algún modo su pensamiento. Era como una mamá policía.

P: ¿Alguna vez hubo discusiones entre ustedes y sus hijos por los celulares?

Bidget: Compramos los blackberries de nuestros hijos cuando entraron a la preparatoria. Lo que me molestaba era que en cuanto salíamos a comer en familia, mi hijo llevaba su teléfono y no formaba parte de la conversación durante la cena, pero eso fue casi al final de la prepa, cuando era un típico adolescente que causa dolor de cabeza.

P: ¿Monitoreaban el uso que sus hijos hacían de las computadoras?

Bridget: Nuestros hijos nunca nos dieron razones para desconfiar de ellos. Nunca monitoreamos su historial de descargas. Recuerdo que Stefan usó mi computadora un día, después a mí me dio curiosidad lo que había estado viendo, así que revisé y encontré algunos sitios en mi computadora que seguramente él no quería que yo viera, así que hice un escándalo. Después de eso, fue más cuidadoso.

P: ¿Las redes sociales les han causado algún problema a sus hijos?

Bridget: Cuando nuestro hijo estaba en la prepa recibió una invitación para la fiesta de un amigo de Facebook, y fue a la fiesta. A las 2 de la mañana nos llamó: "Mamá, estoy en la fiesta, hay mucha gente y hay disparos". Tuvimos que ir por él. Nos dio un poco de miedo. Por fortuna, no es algo que se haya vuelto a repetir.

P: En tu trabajo, en un contexto con niños y educación, ¿has visto cosas que hayan modelado tu filosofía sobre los niños y los medios electrónicos?

Bridget: Hago visitas a domicilio como parte de mi trabajo, y en casas tan pequeñas que tienen el tamaño de nuestra sala, llega a haber teles tan grandes como la chimenea, y todos la están viendo. No pasa mucho más, no hay libros, no hay conversación, sólo la tele. Y ésa es una imagen fuerte en mi cabeza de lo que no debe hacerse.

Peter: Durante toda su escolaridad estuvimos atentos a su comportamiento, a cómo actuaban en casa y en la escuela, y no nos pareció necesario aplicar más que las restricciones de sentido común. Eran buenos niños, tenían nuestra confianza. Van muy bien.

Los hijos

P: ¿Qué recuerdan sobre las tentativas de sus padres por controlar la tecnología en casa?

Sonja: Cuando era niña, tenía que pedir permiso para ver la tele. Era bastante restringido lo que podíamos ver. Recuerdo haberme escabullido y haber visto lo que quería en la tele el fin de semana que mis padres tenían una cita. Antes del *messenger* de AOL y de los mensajes de texto, recuerdo haber pasado mucho tiempo al teléfono con mis amigos, pero sólo podía hacerlo cuando terminaba mi tarea. Mi mamá revisaba mi tarea, pero en la prepa empezó a confiar en mí. Era disciplinada y no necesitaba que me monitorearan.

Stefan: Mi mamá estableció pautas para que viéramos la tele. Es maestra, así que ve de primera mano los efectos que tiene sobre sus alumnos ver mucha televisión. Además, le molesta la violencia y el mal gusto en la televisión infantil. Mi hermana y yo no teníamos permiso para ver la tele entre semana. Siempre que mi mamá nos descubría viendo la tele en días de escuela, se enojaba mucho y la apagaba.

Yo tenía problemas con la concentración y la tarea, así que mi mamá hacía la tarea conmigo después de clases y en la noche, si me sobraba tiempo, practicaba la flauta o dibujaba. Veíamos un poco de tele los fines de semana, pero no nos excedíamos. Creo que esas reglas eran un poco tontas. Parece que mi mamá cree que los niños pueden imitar la violencia que ven en la tele. Hasta hoy, creo que nunca he visto un solo episodio de *Power Rangers*.

Cuando era pequeño, mi padre intentaba algunas veces ser el policía bueno, e intervenía para dejarme ver un poco de tele, pero generalmente se alineaba con las pautas que mi mamá establecía. Las noches de los sábados nos sentábamos en familia a ver una película y eso era divertido. Pero mi hermana y yo no teníamos permiso para ver lo que quisiéramos. Y no había ninguna negociación sobre terminar la tarea y tener permiso para ver tele entre semana. Era una regla estricta en nuestra casa.

P: ¿Qué sintieron de que sus padres trataran de controlar los programas que veían en la tele?

Stefan: El consenso en mi familia era que el material violento me afectaría adversamente, y el material que era ofensivo, como *South Park,* iba a provocar que lo imitara. Mi mamá tampoco quería que escuchara rap violento o misógino. Existía la idea de que los estereotipos de género negativos, la violencia y la conducta grosera afectarían a los niños que los vieran, y por lo mismo, mis padres me mantuvieron alejado de todo eso. Les parecía que podía afectarme e influenciarme de forma negativa.

En retrospectiva, creo que si me hubieran dejado ver *South Park* cuando era niño, definitivamente hubiera imitado el lenguaje vulgar y las actitudes sarcásticas y groseras de los personajes del programa. Había cierta conciencia en mi casa de que, sin supervisión, los niños sólo se sentarían y verían la tele ilimitadamente y se dejarían llevar por el contenido, y creo que mi mamá lo percibió. Era un niño con el cerebro como una esponja, pensó que de alguna manera era "programable" y que el material demasiado sexual, violento o misógino afectaría mi pensamiento. Cuando crecí, mis padres y yo veíamos la tele juntos y criticábamos los comerciales; nos dábamos cuenta de que la tele estaba fundamentalmente tratando de vendernos cosas.

P: ¿Sus padres controlaban el uso que hacían de sus computadoras?

Sonja: El *messenger* de AOL era nuevo y muy popular cuando estaba en la secundaria, y estaba en él constantemente. Creo que mis padres batallaron mucho para regular la cantidad de tiempo que podía pasar en el *messenger* con mis amigos. Su método de regulación era gritarme a cierta distancia de las escaleras "¡Sal del *messenger*!", pero a menos de que estuvieran parados al borde de las escaleras, escuchando, no sabrían que a veces pasaba horas en el *messenger*. Cuando me gritaban desde la cocina, les respondía "de acuerdo", pero seguía en lo mismo. Era una típica adolescente odiosa.

El *messenger* era un gran distractor, y sólo una pérdida de tiempo. Pero cuando estábamos creciendo, era el principal portal de la vida social. No creo que mis padres hayan hecho lo que algunos padres frustrados hicieron: entrar en mi cuenta y ver lo que estaba escribiendo. Sólo me gritaban. Parecían confiar en mí, y algunas veces simplemente se daban por vencidos cuando yo replicaba y lloriqueaba sobre la necesidad de estar en contacto con mis amigos. Aunque, con certeza, me quedó claro que la tarea era lo primero en nuestra casa. Yo generalmente seguía las reglas.

Lo que me atraía de los mensajes instantáneos era la posibilidad de comunicarme con gente a la que no veía siempre. Fui a una escuela sólo para niñas y recuerdo haber tenido conversaciones muy divertidas con chicos en el *messenger*. Nunca hable con chicos fuera de mis contactos, así que no me comunicaba con extraños. Me sentía segura y era una manera de conocer chicos fuera de la escuela. Teníamos bailes en la escuela a los que invitaban chicos, pero siempre era un poco raro, así que el *messenger* era otra manera de conocerlos. No era tan formal ni tan demandante como una llamada por teléfono. Mi hermano y yo compartíamos una computadora, así que cuando quería usar el *messenger* ponía de pretexto que yo era mayor y tenía tarea que hacer, así podía dominar la situación, controlar la computadora y mantener a mi hermano lejos de ella. No creo que le importara mucho, porque Stephan nunca ha sido aficionado de la tecnología. No le interesaban mucho los juegos de computadora ni el *messenger*. Era lector y músico. En la prepa estaba en una banda, así que nunca se volvió adicto a Internet o a los videojuegos. Cuando era pequeño salía en la bicicleta y jugaba con su patineta después de clases. Tuvo suerte de que en nuestra calle había muchos niños de su edad, así que tenía amigos cerca para jugar y no se iban a refugiar frente a una computadora. Yo estaba un poco más apegada a la tecnología porque no tenía amigos en nuestra calle.

P: ¿Las redes sociales como Facebook tuvieron mucha influencia en su infancia?

Stefan: No estoy tan apegado a Facebook, así que no gasto mucho tiempo ahí. Cuando estaba en tercero de secundaria y primero de prepa, a mis amigos les importaba mucho. Recuerdo que había chicos a los que les preocupaba en cuántas fotos aparecían y cuántos amigos tenían. Algunas veces me distraían, pero las redes sociales nunca me han interesado tanto. En retrospectiva, sé que probablemente estuve en Facebook cientos de horas, y no me cabe duda de que pude haber usado mejor ese tiempo, pero hacía otras cosas, como tocar y leer.

Sonja: Facebook y otras redes sociales son un gran problema en el salón de clases. Algunos profesores universitarios permiten las *laptops* bajo la idea de que los estudiantes toman nota de las clases. Los chicos se sientan con las computadoras encendidas y pretenden tomar notas, pero puedes ver sus pantallas. Están revisando Facebook, publicando en Instagram, contestando correos, escribiendo trabajos de otras clases. No hay manera de que asimilen lo que dice el profesor. Y no es la prepa, es el posgrado. No creo haber estado nunca en un salón de posgrado en que la gente no estuviera haciendo muchas cosas en sus teléfonos y en sus computadoras, y las clases se basan en la participación, pero la gente está en Facebook y no poniendo atención al profesor, así que hay momentos incómodos de largo silencio en medio de la discusión en clase, porque la gente no está poniendo atención; no están comprometidos. Piensan "Bueno, no me gusta esta clase, así que puedo revisar mi correo, buscar algo en Internet o trabajar en mi solicitud de empleo".

Cuando estoy en clase y estoy agobiada, reviso mi cuenta de Facebook y veo los mensajes o los correos que tengo. La tecnología es una gran distracción. Creo que no deberían permitirla en el salón. Los estudiantes son muy buenos para encontrar excusas para el uso de la tecnología. "¿Estoy estresado? Voy a revisar Facebook". "¿No tengo cita para el fin de semana? Voy a mandar un mensaje y a revisar mi correo". Cuando reviso mi teléfono en clase, es porque me siento aburrida o estoy ansiosa porque no he tenido noticias de mi novio, pero no estoy segura de qué tan prudente es eso cuando estás pagando tanto dinero en la universidad y te estás preparando para una carrera. Estamos pagando para aprender de la gente, no de la tecnología.

P: Si tuvieran hijos, ¿considerarían necesario regular el uso de la tecnología?

Sonja: Los niños están usando la tecnología de una forma muy diferente a como se hacía cuando era una niña, en la década de los noventa. Los niños usan iPads para hacer la tarea. Y los niños que usan la tecnología para eso también la usan para las redes sociales y los juegos. No estoy segura de qué tan prudente sea darles iPads a los niños para las labores escolares. Tienen acceso a juegos, pueden navegar en Internet y usar aplicaciones. Me parece que es mucha distracción. Si tuviera hijos, les limitaría el uso de la tecnología a la tarea y les permitiría un lapso limitado de diversión, algo así como 30 minutos en las noches, después de hacer la tarea. Luego guardaría la tableta.

Fui tutora de un niñito cuando estaba en la universidad y limité la cantidad de tiempo que podía jugar en la computadora porque me parecía que afectaba su desarrollo personal. También limitaba el tipo de juegos que podía jugar, no le permitía los violentos, por ejemplo. Así que limitaría el tiempo y el contenido en función de lo que es apropiado para cada edad.

P: ¿Qué piensan sobre la manera en que las personas están usando sus celulares?

Sonja: Tengo amigos que toman fotos de cualquier lugar al que van, ya sea para comer o para comprar ropa interior en una tienda. Y después la tienen que subir a Instagram antes de poder conversar contigo, luego viene la revisión constante de cuántos "me gusta" les han puesto. Supongo que es una cuestión de reconocimiento social. Hace 10 años, quizá alguien traería una cámara en una ocasión especial, pero no estarían usando los teléfonos constantemente. Ahora las cosas son algo extrañas.

Cuando se lanzó el iPhone, la gente lo llamó "interruptor de conversaciones". Creo que ahora la gente se acostumbró a las conversaciones interrumpidas. Con los mensajes de texto, la gente espera que les respondas de inmediato, y cuando no lo haces, se sienten heridos, estresados o preocupados. Creo que perjudica tu habilidad para estar presente en el escenario social en el que te encuentres.

En verdad me molesta cuando me doy cuenta de que todos mis amigos están con sus teléfonos. Algunas personas se frustran conmigo porque no respondo a sus mensajes o a sus llamadas cuando estoy con otras personas, pero creo que contestar al instante el celular le resta valor al tiempo que la gente pasa cara a cara.

Hoy, el hijo de Peter y Bridget, Stefan, es un joven agradable, brillante y considerado, que ha pasado los últimos 4 años en una de las mejores universidades de la costa este diseñando el área de especialización de su licenciatura, que involucra historia del arte, música, estudios cinematográficos, política y el estudio de los medios de comunicación. La llama "retórica visual". Estoy convencido de que Stefan se benefició ampliamente de la guía y las restricciones que sus padres impusieron sobre los medios digitales en casa cuando él estaba creciendo. Su hermana, Sonja, cursa la maestría en administración de empresas en una de las mejores universidades de Estados Unidos. Sonja tiene opiniones sólidas sobre la forma en que la tecnología digital ayuda y al mismo tiempo estorba a los jóvenes. Es una joven ingeniosa y encantadora.

Familia 4: mis hijas, Miranda y Arianna

Luego de hacer a un lado mi temor de haber fallado en proteger a mis propias hijas de los efectos secundarios del exceso de tecnología, las entrevisté. Las respuestas que me dieron fueron francas, alentadoras y, algunas veces, desconcertantes. Lo que me recordó que "en casa del herrero, cuchillo de palo".

Miranda estudia el segundo año de su carrera en arte y educación. Su hermana mayor, Arianna, estudió actuación en la universidad, vende ropa al menudeo y trabaja como actriz de voz.

P: ¿Recuerdan cuáles eran las reglas en casa, cuando eran niñas, para ver la tele?

Miranda: La regla que ustedes pusieron cuando iba en la primaria era que no tenía permiso para ver la tele entre semana y que sólo podía verla unas cuantas horas los fines de semana. Pero lo que realmente pasaba era que Sissy (su hermana mayor, Arianna) me cuidaba cuando tú y mamá salían a ver una película, entonces nos excedíamos con la tele y los videos. Negociábamos lo que veíamos, porque ella es 8 años mayor, y queríamos ver cosas diferentes. No nos permitían películas de clasificación C, así que veíamos videos de Disney, la caricatura *Muzzy*, cosas así. Cuando tú y mamá se iban por más de 3 horas, sabíamos que probablemente estarían de regreso a casa, así que bajábamos el volumen de la tele y estábamos atentas al sonido de su llave en la puerta, cuando escuchábamos que estaban entrando, apagábamos la tele y escondíamos el control bajo los cojines del sillón, levantábamos un libro y fingíamos leer.

Cuando mi esposa y yo regresábamos a casa después de una salida nocturna, por lo general podía decir que mis hijas habían estado viendo tele. Cuando entrabamos, ambas se retorcían en el sillón, pretendiendo leer un libro, y cuando tocaba la parte trasera de la tele, estaba caliente.

P: ¿Recuerdas cuáles eran las restricciones relativas a los medios electrónicos y si tuvieron un efecto en ti?

Arianna: Recuerdo que antes de ser adolescente no tenía permiso de ver mucha tele, a excepción del programa de *Pee Wee Herman*, que tú y yo veíamos juntos los sábados por la mañana. Y veía los videos de Gomosito. Recuerdo que a veces me sentía un poco excluida en la escuela porque muchos de mis amigos salían corriendo de clases y se sentaban horas frente a la tele, pero ustedes no me iban a dejar hacer eso. Una niña en la escuela me dijo: "¿No has visto el nuevo episodio de *Las tortugas ninja*?" Yo pensaba: "eso es una tontería". Algo así como, "¿a quién le importa?" Me llevaste a ver la película de *Las tortugas ninja,* así que al menos pude hablar sobre los personajes con mis amigos.

En la primaria me quedé muchas veces a dormir en casa de mi amiga Emily, ella tenía tele en su habitación y la dejaban quedarse dormida viéndola. Su mamá le había conectado un cronómetro eléctrico a la tele, así que después de que Emily se quedaba dormida el cronómetro apagaba la tele a media noche, para que no estuviera encendida ni gastara electricidad. Siempre que me quedaba con Emily, me acostaba durante horas pegada a la tele, viendo las retransmisiones de *Yo amo a Lucy,* hasta que el cronómetro la apagaba.

Pero incluso entonces me daba un poco de tristeza que mi amiga necesitara la tele para quedarse dormida. Tuve suerte, porque tú me leías todas las noches cuando era pequeña, así que hasta hoy utilizo un libro para quedarme dormida. Leer se siente diferente. Me reconforta leer antes de dormir. Es una tradición que ustedes me inculcaron. Ahora leo 3 o 4 páginas de algo, cada noche, antes de acostarme.

P: ¿Recuerdan haber querido saltarse las reglas?

Miranda: Cuando Joanie (una amiga de la familia de 70 años) nos cuidaba, la manipulaba para que me dejara ver la tele mientras ustedes estaban fuera. Pero a medida que crecí, la tele dejó de atraerme tanto. Es interesante que a pesar de que ustedes eran un poco más estrictos con mi hermana antes de que yo naciera, hoy ella ve más tele que yo, además de que ella habla sobre la tele: las tramas de las series, los personajes. A mí no me importa mucho en este momento. Cuando estoy en casa, durante las vacaciones de la universidad, me preparo el desayuno y sintonizo algún sitio en Internet —*That '70s Show* o quizá una película seleccionada—, pero la mayor parte del tiempo prefiero estar afuera corriendo o interactuando con mis amigos, en lugar de sentarme frente a la tele o la computadora.

Recuerdo que veíamos algunos programas en familia, como *Gossip Girl* y *Friends*, eso era divertido, como un ritual familiar, pero ustedes apagaban la tele al final del episodio para que no nos quedáramos sentadas a vegetar toda la tarde. Recuerdo que me dejaban ver *Es tan Raven* y *Lizzie McGuire*. La tele siempre fue algo que tú y mamá trataron como si fuera un privilegio por haber terminado la tarea, y yo tenía que ingeniármelas para verla un poco más cuando ustedes no estaban cerca.

P: ¿Se les trató de manera diferente debido a sus diferencias de edad?

Arianna: Recuerdo haberme sentido celosa porque mi hermana menor pudo ver más tele que yo cuando era pequeña. Pero ustedes eran cuidadosos con ambas si se trataba de las películas de clasificación C. Y no nos dejaron ver películas para menores de 13 años sino hasta que tuvimos 13. Tengo una tele en el departamento que comparto con una compañera, pero es prácticamente un papel tapiz. La enciendo cuando estoy limpiando mi cuarto o cenando, pero al mismo tiempo reviso Facebook y envío mensajes, así que si un programa es muy bueno, lo tengo que ver otra vez para realmente entenderlo, pues hago muchas cosas al mismo tiempo y me lo pierdo. No creo que hagamos bien ninguna de esas actividades si se realizan simultáneamente.

P: ¿Hubo algo positivo en haber tenido un acceso restringido a los medios en casa?

Arianna: Nos educaste más con las películas que con la tele. Veíamos películas como actividad familiar, así que ahora prefiero ver películas viejas que programas de televisión. Hacíamos de las películas un evento familiar. Nos sentábamos, apagábamos las luces, comíamos palomitas y veíamos películas viejas. Es lo que recuerdo sobre la tele cuando era niña. Me encantan las películas y probablemente es porque ustedes las hicieron un acontecimiento divertido. Cuando veo una película en casa, me preparo una taza de té, enciendo una vela, me siento en mi cama y veo la película.

Valoro el hecho de que ustedes hayan puesto atención a la clasificación de las películas. Creo que los niños están demasiado expuestos en estos días con la televisión por cable y el Internet. Los niños necesitan tiempo para ser niños y no estar expuestos al horror y la sangre que hacen pasar por entretenimiento. Los niños pueden encontrar pornografía con una simple palabra clave en Internet. Me temo que toda una generación que vio pornografía por Internet va a tener una serie de expectativas muy diferentes de las chicas a las de la generación preInternet. ¿Quién puede saber los efectos que eso tendrá en sus prospectos de citas?

P: ¿Sabías por qué razones tratábamos de controlar tus hábitos de espectadora?

Miranda: Crecí con la frase: "la tele funde tu cerebro". Desde que tengo memoria me decías eso. Y durante un tiempo creí que era literal, que si veía mucha tele mi cerebro empezaría a fundirse lentamente y yo me volvería muy tonta.

P: ¿Pensabas que era verdad cuando eras niña?

Miranda: Lo sigo creyendo.

P: ¿Piensas que fue una tontería haber hecho reglas sobre la tele?

Miranda: Sí, a veces me parecían frustrantes. Me preguntaba: "¿Por qué no puedo ver más tele? ¿Por qué no puedo tener una tele en mi habitación?" Sin embargo, incluso de pequeña, sabía que no era muy educativo ni constructivo ver la televisión, pero tenía tantos amigos que tenían una en sus habitaciones y que podían verla cuando ellos quisieran que de alguna manera me abrumaba. Aunque algo me decía que no estaba bien ver la tele sin restricciones, porque mamá y tú establecieron reglas en casa. Pero no pensaba que fueran raros por no dejarme verla.

En la actualidad, ahora que soy estudiante universitaria,

me doy cuenta de que la televisión me parece una tontería y un desperdicio de tiempo. Hay programas que ciertamente son entretenidos, pero cuando escucho sobre los niños que los ven demasiado tiempo, pienso que es triste, que los priva de experimentar la vida y socializar con la gente. He decidido que cuando tenga mi propia familia, ni siquiera tendré una tele en casa. Quizá un monitor para ver películas y documentales. Me parece que ver la tele te quita tiempo, un tiempo muy valioso, e interacción humana. Me chocan todos esos comerciales. Me he dado cuenta de que la manera en que veo la tele en este momento, en las vacaciones por ejemplo, es pasar de un canal a otro sin encontrar nada que me interese de verdad, y termino apagándola porque me aburre.

P: ¿Te acuerdas de tus primeras experiencias con las redes sociales?

Arianna: Recuerdo el *messenger* de AOL, era la sensación cuando iba en la secundaria. Chateaba con mis amigos en lugar de hacer la tarea. Y me entretenía con un juego de computadora para niñas llamado *La nueva escuela de Rockett*. Me encantaba, lo jugaba mucho. Cuando mamá o tú entraban a mi cuarto para vigilarme en un día de escuela, sólo escondía la ventana del juego detrás de un documento de texto y fingía que hacía la tarea. Hacía lo mismo con el *messenger*. Siempre tenía listo un documento que parecía tarea para esconder el *chat* cuando llegaran a mi cuarto.

P: ¿Cuál era su actitud sobre la tele y los medios electrónicos cuando eran niñas?

Miranda: En la prepa me juntaba con un grupo de amigos a los que les gustaba hacer excursiones y estar al aire libre. Era estudiante de arte, así que a muchos de mis amigos les gustaba dibujar y nos juntábamos los fines de semana para hacer dibujos, grabar videos, conversar y hacer cosas al aire libre. Me rodeaba de gente a la que le gustaba la interacción, la colaboración y hacer cosas interesantes, como ir a la playa o asistir a las tocadas de los amigos. Cuando era adolescente, tenía está mentalidad de exprimir lo que la vida te ofrece y no perder el tiempo. Amé mi infancia, me encantaba jugar y en la prepa me di cuenta de que el tiempo empezaba a acelerarse, pasaba tan rápido, yo estaba creciendo tan rápido, que pensaba: "Tengo que seguir jugando, no quiero perder mi infancia". Quería sacar de cada momento todo lo que pudiera, y creía que la tele y las redes sociales te lo impedían. Y es por eso que incluso la idea de ver una película me pone un poco nerviosa, porque sería mejor estar interactuando con la gente y no sentada viendo a una pantalla.

P: ¿Identifican algún inconveniente con el uso de las redes sociales?

Arianna: He visto cómo la gente tiene crisis nerviosas en Facebook. Conocí a 2 chicas de la universidad que publicaban sobre su deterioro emocional. Una escribió que había sido adicta a las drogas y que habían desatado su padecimiento de bipolaridad latente. Empezó a publicar en los muros de sus amigos que los odiaba, que no confiaba en ellos, y algunos eran personas a las que no había visto en años. Entro a Facebook con la expectativa de ver fotos de las últimas actividades sociales de mis amigos, pero lo que veo es la crisis nerviosa de alguien.

La otra chica llegó a la conclusión de que por una ruptura odiaba a los hombres, así que les envió mensajes de odio a sus amigos de Facebook. Etiquetaba fotos al azar de los chicos que eran sus amigos. Sus publicaciones insensatas duraron días. No había visto a esta chica en años, pero lo que sí vi fue el retrato íntimo de su crisis nerviosa porque eligió publicarla en Facebook. Pienso que la moraleja de la historia es: "Piensa antes de publicar".

Los celulares presentan un problema diferente. Creo que aún no hemos aprendido buenos modales con los celulares. Necesitamos una versión digital de los manuales de buenas maneras. Si salgo para ir a una cena agradable, mantengo mi teléfono guardado. Pero si nada más estoy sentada con un amigo, sacamos los teléfonos, publico en Instagram, vemos algo en mi teléfono, y si recibo un mensaje, lo contesto. Sé que es descortés, pero eso se debe a que tengo más de 24 años.

La gente más joven no tiene ni idea de lo desconsiderado que resulta estar enviando mensajes todo el tiempo. No crecí con este tipo de tecnología. Los chicos más jóvenes que están empezando la universidad sí están acostumbrados, un teléfono inteligente es como un apéndice. Creen que es normal estar mandando mensajes todo el tiempo. En cuanto a las citas, es raro que un chico te llame, pues prefiere enviarte mensajes. Es común que una chica reciba un mensaje los viernes por la noche de algún chico que apenas conoce: "¿Qué haces?" Es molesto. No es manera de entrar en contacto con alguien que te interesa. El tipo de hombre que me gusta llamará y me pedirá que salgamos. Podríamos enviarnos información sobre el lugar y la hora mediante un mensaje, pero las llamadas son la manera de empezar un romance. Aunque es perfectamente normal en estos días que las citas se arreglen estrictamente por mensajes y realmente no hables hasta que te sientas a cenar con la persona.

Miranda: Mi novio y yo nos enojamos el uno con el otro cuando nos ponemos a ver el teléfono. Él revisa su instagram, entonces yo le digo que también lo haré; de pronto hay una pared entre nosotros, ese par de pantallitas con las que nos estamos relacionando. Pienso que si él está usando su teléfono, no le importará que yo use el mío; entonces tenemos una pequeña discusión sobre si eso es lo que vamos a hacer y sobre qué tal está Instagram. A veces, cuando estamos juntos, hacemos que cada uno borre la aplicación de Instagram de su teléfono, porque cuando te empieza a importar pasar tiempo con alguien y esa persona de repente toma su teléfono, es muy molesto. Y cuando alguien toma el teléfono para leer un mensaje queda claro que lo único que le importa, de lo que está pasando en la habitación, es su teléfono.

Hablar directamente con las familias reforzó lo que creía sobre la necesidad de un diálogo abierto y franco entre padres e hijos sobre los medios electrónicos y el entretenimiento en casa. Los retos que una familia enfrenta en el mundo digital de hoy son monumentales, pero a través de la conversación paciente y de hacerle caso a sus corazonadas, las familias pueden salir adelante. La manera en que usted regula el acceso de su hijo a la tecnología y el grado de éxito que tenga serán resultado directo de la naturaleza de la relación afectiva que tenga con él. Si tienen una relación de confianza mutua, entonces regular el acceso de su hijo a la tecnología será relativamente sencillo, pero si tienen una relación de desconfianza, entonces controlar el comportamiento de su hijo con la tecnología digital resultará un camino más accidentado.

De los adolescentes afectados por los juegos de computadora, a los estudiantes de posgrado que revisan Facebook y su correo en las clases, si realmente las aplicaciones y el *software* que usan son adictivos, entonces, Houston, tenemos un problema. Si no podemos enseñarle a nuestros hijos a controlar su impulso de revisar sus pantallas repetidamente, estén o no en presencia de la familia y los amigos, todo indica que tenemos un problema aún más grande.

Las ramificaciones emocionales que implican tratar de controlar la conducta de un niño pueden ser complejas y difíciles, pero las opciones que un padre tiene con relación al control de los medios digitales en casa son relativamente simples. Aquí hay algunas sugerencias y cuestiones que deben considerarse:

- Empiece por explicar y conversar con su hijo por qué, cuándo y cómo va a controlar su acceso al celular, la tele, los videos, el iPad, las consolas de juego y las computadoras. Pídale a su opinión, ayudará a que se sienta parte del proceso.
- Decida cuál será la ubicación de los dispositivos en su casa. ¿Debe haber una tele o una consola de

juego en la habitación de su hijo? ¿La computadora debe estar en su cuarto o en una ubicación estratégica? ¿Deberían entregarle el celular cuando llegue a casa o cuando esté haciendo la tarea?

- ¿Debería permitirle tener un teléfono inteligente o un teléfono convencional sin acceso a Internet?
- ¿Debería habilitar el servicio de mensajería en el celular de su hijo?
- ¿Debería haber horarios establecidos para la tarea y horas para el uso recreativo de los teléfonos, otros dispositivos digitales y los videojuegos, así como para ver televisión y videos?
- ¿A cuántas computadoras, celulares, televisiones, monitores de video y aparatos de videograbación debería tener acceso su hijo en casa?
- ¿Debería poner un horario para el tiempo que la familia pasa ante la tele?
- ¿Le lee a su hijo todas las noches?

La escritora educativa Dana Goldstein reportó, en la edición del 14 de abril de 2014 de *The Atlantic*, que los profesores de las universidades de Texas y de Duke realizaron un extenso estudio sobre las relaciones entre padres e hijos y el éxito académico para tratar de identificar qué clase de compromiso paterno funciona y cuál no. Encontraron que, de las docenas de maneras en que los padres intentan influenciar a sus hijos, las 3 cosas más importantes que un padre puede hacer para influir en su éxito académico son:

- Leerles en voz alta a sus hijos (menos de la mitad de los padres estadounidenses lo hacen).
- Hable con sus hijos sobre las profundas consecuencias que tienen las buenas calificaciones, así como del valor y el interés de la educación permanente.
- Inscriba a su hijo en un grupo cuyo maestro tenga una buena reputación. Los estudios demuestran que

los mejores maestros aumentan los ingresos que obtendrán los estudiantes en su vida laboral y disminuyen la probabilidad de embarazos adolescentes.

Navegar en las aguas de la paternidad es una parte alegre de la vida, algunas veces desafiante, muchas veces agotadora y afortunadamente muy gratificante. Compartir sus experiencias con otras familias es una de las cosas más útiles que puede hacer. Le ofrece una perspectiva sobre sus propias dichas y tribulaciones. Aprendí mucho simplemente escuchando a otros padres y a sus hijos sobre su experiencia familiar.

Conclusión

Los jóvenes de hoy se ven envueltos en un mundo de conexiones digitales intensas del que parece no haber salida, excepto cuando hay apagones y se cae Internet. Aparte del factor de comodidad, diversión y sorpresa, no hay evidencias convincentes de que este nivel de interconexión digital sea algo positivo.

El programa informativo de PBS, *Frontline,* fue al Massachussets Institute of Tecchnology (MIT) para averiguar la forma en que los mejores y más brillantes estudiantes universitarios de Estados Unidos se están desempeñando ahora que están conectados a Internet. La mayoría de los profesores del MIT permiten las computadoras en clase para tomar notas. Algunos no las permiten porque saben que los estudiantes hacen algo más que eso, como mandar mensajes, revisar Facebook, etcétera.

David Jones, profesor asociado en el MIT, afirma que se puede evaluar a los alumnos digitalizados de la actualidad en 2 niveles: "Puedes establecer qué tanta atención ponen durante la clase y puedes evaluar qué tan bien están absorbiendo la información de las lecturas obligatorias. Y no creo que estén haciendo ninguna de las 2 cosas bien".

El profesor Mark Bauerlein, de la Universidad Emory, dice: "Hay muchos profesores de inglés que dicen 'No puedo dejar una novela de más de 200 páginas. Antes sí lo hacía, pero ya no se puede'". Un estudiante del MIT, Brian, admite: "Casi siempre estoy enviando mensajes, y siempre que estudio, veo un video de YouTube, reviso mi correo todo el tiempo, actualizo la página, ya sabes, Facebook, el *chat* de Facebook... de forma que pueda estar conectado todo el tiempo".

Brian es alguien típicamente posmoderno cuando hace todas estas actividades simultáneamente. Considera que lo hace bien, pero el profesor Clifford Nass, del MIT, no lo cree así:

> Casi todas las personas que hacen muchas cosas al mismo tiempo creen que son brillantes en eso... Resulta que se equivocan en cada una de las actividades. Se distraen constantemente, su memoria es muy desorganizada. Las investigaciones que hemos hecho recientemente sugieren que han empeorado en razonamiento analítico. Nos preocupa que la sobreactividad simultánea esté creando gente incapaz de pensar o de hacerlo con claridad.[33]

Los reportes de otras partes del mundo son igualmente deprimentes. En Corea del Sur, el 90% de los niños usa el Internet en su vida diaria. Los especialistas en salud coreanos están tratando la adicción a Internet como un desorden psiquiátrico.

Las escuelas están cada vez más digitalizadas. Jason Levy es el director de I.S. 399, una secundaria al sur del Bronx, en Nueva York, que experimentó un vuelco positivo con la introducción de Internet a las aulas.

Levy dice:

> Para mí no se trata de preguntarse si los estudiantes deben o no tener acceso a la tecnología. La tecnología es como el oxígeno, y nadie argumentaría nunca que deberíamos quitarle el oxígeno a los niños. Creo que, al menos, logramos que la escuela

tuviera más sentido para ellos cuando les proporcionamos la oportunidad de usar tecnología.

Daniel Ackerman, subdirector de I.S. 399, pasa una parte del día monitoreando lo que los estudiantes hacen en línea. "Un estudiante tiene el programa Photo Booth abierto, al igual que su proyecto de ciencias sociales, su correo de la escuela… lo que veo es que hacen muchas cosas a la vez".[34]

Todd Oppenheimer, autor del libro *The Flickering Mind* [*La mente inquieta*], dice:

> Lo que me preocupa de los medios digitales es que tienen lapsos de atención tan cortos… Es lo que llamo 'educación de recompensa instantánea'. Te surge un pensamiento, lo sigues. Ves un sitio de Internet, entras. Quieres escuchar música mientras estudias, lo haces. Todo esto bifurca el cerebro, le impide ser capaz de seguir un pensamiento lineal y te enseña que deberías poder responder a cada impulso en el minuto en el que ocurre.[35]

Para ser honestos, me gusta mi mundo tecnológico. Me gusta la comodidad. Me gusta el ritual. De acuerdo, no es que me guste encender mi computadora todas las mañanas, lo que me gusta es lo que hace por mí. Cuando ésta se descompone, tengo mi iPhone, que me ha salvado en muchas ocasiones. Incluso me gusta mi nueva *tele inteligente* (no estoy seguro de qué es lo *inteligente*, excepto que es larga y está conectada a Internet). Mi iPad hace las veces de cabina de grabación y evita que gaste papel, pero nunca lo uso fuera de la cabina. No me gusta estar en línea todos los días y a todas horas. Cuando mi hija mayor viene a mi estudio a hacer una audición para una voz de caricatura, usa mi iPad y siempre me da miedo que diga "¡Ay!, un iPad, ¿me lo prestas papá?". Pero nunca lo ha hecho. No tiene uno. Usa una *laptop*. Me alegra que no le apetezca otro dispositivo digital en su vida.

Casi siempre mis pantallas electrónicas me resultan útiles. Me agradan. Siempre me ha gustado la tecnología. Me gusta recibir mensajes de mi hija que está en la universidad, incluso le envío mensajes con esos pequeños y ridículos emoticones sonrientes. A veces usamos nuestros iPhones para hablarnos por FaceTime. Mandamos mensajes colectivos cuando queremos incluir a mi esposa y mi hija mayor. Les envío enlaces de mis sitios de Internet favoritos a todas ellas. Incluso tengo una cuenta de Instagram en la que disfruto juguetear con mis fotos y enseñárselas a mis amigos con el iPhone. Tomo *selfies* de mí y de mi familia con la cámara de mi celular. Nunca salen perfectas, pero son divertidas y les agradan a los amigos a los que se las enviamos. Me gusta el hecho de poder estar conectado con mi familia y que pueda hacer la mayor parte de mi trabajo con la ayuda de estos objetos sorprendentes.

Cuando nuestras hijas eran pequeñas, asumimos cierto control sobre sus aparatos electrónicos personales y limitamos el tiempo que podían pasar ante las pantallas. Cuando crecieron, experimentamos bloqueando ciertos sitios en sus computadoras, una tentativa torpe y no del todo exitosa. También descargué Life360, una aplicación para teléfonos inteligentes que permite rastrear a los hijos, que instalé a escondidas en el teléfono de mi hija menor cuando estaba en la prepa. Cuando empecé a usarla en mi teléfono y se la enseñé a mi esposa, estaba sorprendida.

—¿Quieres decir que podemos saber dónde está todo el tiempo?

—Supongo —me quedé viendo el teléfono, me rasqué la cabeza y me pregunté de qué manera nos iba a beneficiar. Me sentía como en un operativo de inteligencia, aunque en uno de inexpertos. Mi esposa y yo hicimos un pacto de silencio.

—No podremos decírselo nunca a Miranda —le advertí. Los sábados por la noche veíamos mi teléfono y observábamos el pequeño punto rojo que representaba a nuestra hija, o al menos al celular de nuestra hija, circulando por las autopistas. Se detenía misteriosamente en vecindarios que no conocíamos.

—¿Dónde está? —preguntaba mi esposa.

—Aquí. Es el punto rojo.

Cuando la señal del celular de mi hija se debilitaba, el punto rojo desaparecía.

—¿Qué le pasó? —preguntaba mi esposa—, ¿a dónde se fue?

—La señal del celular debe ser baja. Está en las colinas.

—Pero no se ha movido, ¿le llamamos?

A veces lo hacíamos, pero los adolescentes tienden a mandar las llamadas al buzón de voz. Prefieren mandar mensajes. Casi siempre nos mandaba un mensaje de voz.

Me arrepentí de esta aplicación cuando empezó a mandarme mensajes de que había agresores sexuales condenados en el vecindario. Siempre me pregunté cómo sabían que un agresor sexual estaba cerca; era espeluznante y no parecía tener importancia en nuestras vidas. Cuando nuestra hija se graduó de la preparatoria y cambió de teléfono, dejamos de rastrearla.

A pesar del *software* espía, nuestra casa fue un lugar seguro, feliz y creativo para que nuestras hijas crecieran. Entraron a buenas universidades. Sigo aconsejándolas cuando lo necesitan y celebramos los buenos tiempos que pasamos juntos.

Recuerdo que vi a mi hija sostener el control remoto por primera vez en sus manos a los 4 años. Ahora tiene 27. Odia cuando me quedo el control. "Papá, dame el control", me dijo el día que tuvimos una pelea frente a unos amigos mientras estábamos viendo Los Premios de la Academia. Le puse pausa a la televisión para poder comentarles cómo vota la Academia, o al menos cómo creo que vota.

—Papá, la gente no quiere escuchar esto. Dame el control.

—No, ésta es mi casa y éste es mi control.

Había amigos en la sala, 2 de ellos psicoterapeutas. Después uno de ellos comentó:

—Tu hija estuvo fuera de lugar.

El otro dijo:

—Ustedes tienen que trabajar algunos problemas.

Parece que los problemas con los hijos sobre quién controla la tecnología realmente nunca se acaban, aunque sean adultos.

En nuestras vidas tecnológicas, cada miembro de la familia tiene sus propios ritmos y rituales. Los roles a veces se han invertido: nuestros hijos crecieron con los nuevos medios de comunicación y desarrollan mejores habilidades para la tecnología que nosotros. Nuestros hijos son más rápidos con la electrónica, más seguros de sí mismos, como *cyborgs* ágiles y experimentados.

No soy antitecnología, pero así como me negué a comprarles un carro nuevo a mis hijas cuando se graduaron de la prepa (buena decisión, pues pasó lo inevitable, ambas maltrataron sus carros usados), también me negué a que mis hijas usaran los electrónicos de uso personal a su antojo. Hubo algo más que algunas noches de lloriqueos cuando salía de sus habitaciones con sus celulares en mi mano y los escondía en el cajón de mis calcetines durante la noche. Hubo algo más que algunas visitas de nuestro técnico con el único propósito de bloquear sitios de Internet y restringir el acceso de nuestras hijas. Nos negamos a que hubiera consolas de juego en la casa. Hubo muchas noches en que les quitaba el control remoto de las manos y presionaba el botón de apagado, y sus gimoteos de protesta le llegaban a todos los vecinos de la calle.

Para mí, la parte más difícil de la paternidad ha sido resistir la presión de nuestras hijas cuando imponíamos una regla. Pero su crianza de mis fue algo que elegí. Y ha sido la experiencia de vida más gratificante, llena de amor y poderosa que pude haber soñado tener.

Espero que haya disfrutado de las historias y de las recetas simples que le ofrecí para administrar los dispositivos digitales de su familia y los medios electrónicos en su hogar. Recuerde, los principios más importantes de la crianza aplican en cualquier época, no sólo en esta digital. Mantenga una comunicación abierta, imponga límites apropiados, lea para sus hijos, hábleles sobre su futuro, encuéntreles los mejores maestros que pueda y dígales que los quiere.

Le deseo la mejor de las suertes. ☞

Notas

1. Gary SMALL, *iBrain, Surviving the Technological Alteration of the Modern Mind*, Nueva York, HarperCollins, 2009.

2. Shelley PECK, "Hitting the Off Button: How Parents Can Stand Up for Less Screen Time at Home", National PTA, <pta.org/programs/content.cfm?ItemNumber=999>

3. Janet KORNBLUM, "Study: More Parents Use tv as an Electronic Babysitter", en *USA Today*, 2006, <usatoday30.usatoday.com/tech/news/2006-05-24-kids-media_x.htm>

4. Newton N. MINOW, "Newton Minow Interview", en *Archive of American Television*, 1999, <http://emmytvlegends.org/interviews/people/newton-n-minow>

5. Tony DOKOUPIL, "Is the Internet Making Us Crazy? What the New Research Says", en *Newsweek*, 2012, <http://www.newsweek.com/Internetmaking-us-crazy-what-new-research-says-65593>

6. "How TV Affects Your Child", en KidsHealth.com, 2011, <kidshealth.org/parent/positive/family/tv_affects_child.html>

7. Ann Vorisek White, "Breaking Out of the Box: Turn Off tv, Turn on Life", en *Mothering,* 2001, pp. 70-76.

8. Daniel GOLEMAN, "How Viewers Grow Addicted to Television", *The New York Times,* 1990, <nytimes.com/1990/10/16/science/how-viewers-grow-addicted-to-television.html?pagewanted=all&src=pm>

9. Kurtis HIATT, "Fast Food Restaurants Increase Ads Aimed at

Kids", en *USNews*, 2010, <http://health.usnews.com/health-news/diet-fitness/diet/articles/2010/11/08/health-buzz-fast-food-restaurants-increase-adsaimed-at-kids>

10. "Television Watching and 'Sit Time'", en Harvard School of Public Health, <http://www.hsph.harvard.edu/obesity-prevention-source/obesity-causes/television-and-sedentary-behavior-and-obesity/>

11. "Hasbro", en *Wikipedia*, 2014, <http://en.wikipedia.org/wiki/Hasbro>

12. "Television Watching", Medline Plus, 2014, <http://www.nlm.nih.gov/medlineplus/ency/article/002329.htm>

13. "Violence on Television: What Do Children Learn? What Can Parents Do?", en American Psychological Association, 1999, <http://www.cmu.edu/CSR/case_studies/tv_violence.html>

14. Sarah HARRIS, "Young Children Believe TV Images Are Real", en MailOnline.com, 2006, <http://www.dailymail.co.uk/news/article-404267/Young-children-believe-TV-images-real.html>

15. Bill Goodwin, "The Undeniable Influence of Kids", en *Packaging Digest*, 2013, <http://www.packagingdigest.com/packaging-design/undeniable-influence-kids>

16. "What You Can Learn from Sesame Street", en *Children's Ministry Magazine*, 2012, <http://childrensministry.com/articles/what-you-can-learn-from-sesame-street/>

17. Andrea CHANG, "YouTube's Biggest Stars Are Cashing In Offline", en *Los Angeles Times*, 2014, <http://www.latimes.com/business/la-fi-youtubestars-20140808-story.html#page=1>

18. Rachel DRETZIN, "Transcript: Digital Nation", en *Frontline*, citando a Douglas Rushkoff, 2010, <http://www.pbs.org/wgbh/pages/frontline/digitalnation/etc/script.html>

19. Max VON BOEHN, *Dolls*, Nueva York, Dover Books, 1972.

20. "Retail Theory: How Ernest Dichter, an acolyte of Sigmund Freud, Revolutionized Marketing", en *The Economist*, 2011, <http://www.economist.com/node/21541706>

21. Tanya Lee STONE, *The Good, the Bad, and the Barbie*, Nueva York, Viking Press, 2010.

22. "The Ratings Game", en noticias locales de la PBS, <http://www.pbs.org/wnet/insidelocalnews/ratings.html>

23. Lenore SKENAZY, *Free-Range Kids,* San Fransisco, Jossey-Bass, 2009.

24. Steven PINKER, *The Better Angels of Our Nature: Why Violence Has Declined*, Nueva York, Penguin Books, 2012.

25. Tamar LEWIN, "If Your Kids Are Awake, They're Probably Online", en *The New York Times*, 2010, <http://www.nytimes.com/2010/01/20/education/20wired.html?_r=0>

26. Sarah LYALL, "The Case of the Accidental Superstar", en *New York Times'Style Magazine*, 2014, <http://tmagazine.blogs.nytimes.com/2014/03/07/the-case-of-the-accidental-superstar/?_php=true& type=blogs&_r=0>

27. Joseph CAMPBELL, *Power of Myth,* Nueva York, First Anchor Books, 1991.

28. Alain DE BOTTON, *The News: A User's Manual*, Nueva York, Pantheon Books, 2014.

29. Eckhart TOLLE, *The Power of Now,* Vancouver, Namaste Publishing, 1997.

30. Rachel DRETZIN, "Transcript: Digital Nation", en *Frontline,* 2010, <http://www.pbs.org/wgbh/pages/frontline/digitalnation/etc/script.html

31. Barbara J. WILSON, "Media and Children's Aggression, Fear, and Altruism", en *The Future of Children*, 2008, <http://futureofchildren.org/publications/journals/article/index.xml?journalid=32&articleid=58>

32. James RAINEY, "The Moth Gives Wings to Young Storytellers", en *Participant Media*, 2011, <http://www.participant-media.com/2011/08/moth-wings-young-storytellers/>

33. "What Is Multitasking", en *Frontline,* 2010, <http://www.pbs.org/wgbh/pages/frontline/digitalnation/interviews/nass.html>

34. Rachel DRETZIN, "Transcript: Digital Nation", en *Frontline,* citando a Daniel Ackerman, 2010, <http://www.pbs.org/wgbh/pages/frontline/digitalnation/etc/script.html>

35. Todd Oppenheimer, *The Flickering Mind: Saving Education from the False Promise of Technology*, Nueva York, Random House, 2004.

Se comenta sobre Bill Ratner

Lúcido y provocador.

JANE CLAIRE, Barnes & Noble

En un mundo que nos bombardea y nos seduce con
la tecnología, así como con la atracción interminable
de nuevos dispositivos fantásticos, Bill Ratner ofrece
esa vieja tradición que nunca ningún dispositivo
portátil volverá obsoleta: una buena historia como
las de antes, la de un padre que ha hecho su vida
en los medios de comunicación, confrontado
por los peligros del exceso de televisión y de
computadoras. Y la sabiduría de desconectarlas.
Las palabras de Ratner son sabias y sobrias (y a veces
graciosas) sobre un tema que ha transformado a nuestra
sociedad, junto con un valioso antídoto para regresar
a lo que más importa: las relaciones humanas.

JOYCE MAYNARD, autora de *Como caído del cielo*

Además de ser una primera figura del doblaje en
Hollywood, Ratner escribe con la sutilidad y la
textura de un maestro de la literatura de ficción.

BRAD SCHREIBER, *The Huffington Post*

Desde la fascinación que le provocaban en el kínder
las voces sin rostro de la radio y la televisión y del
estrellato del doblaje al hombre de familia, la vida de
Bill Ratner sigue rebasando los límites de lo ordinario.

ANITA FRANKEL, Psicóloga

Es una historia genial, tierna, bien contada, con
humor, corazón, matices y profundidad.

LEA THAU,
Independent Producers Project/KCRW Radio, Los Ángeles

Bill Ratner ha participado en la industria la mayor
parte de su vida, proviene de un hogar donde su
papá era ejecutivo publicitario de General Mills y
ayudó a personificar la imagen de Betty Crocker
para el mundo. Ratner consigue transmitir las
imágenes de su cabeza con toda nitidez.

BOB LEGGETT, *The Examiner*

Bill Ratner es uno de los mejores
cuentacuentos de Los Ángeles.

GARY BUCHLER, productor, TheMoth.org

Nos guía con experiencia en un viaje, no sólo sobre su
propia vida, sino por el tipo de vida que muchos en los
campos de la creación y el entretenimiento reconocerán:
un enamoramiento temprano por todo tipo de
medios y, finalmente, una reflexión sobre los sublimes
misterios de la vida y de la propia existencia humana.

JOEL BELLMAN,
Consejo de Supervisores del Distrito de Los Ángeles

Las historias tras bambalinas de su vida como anunciante de primera línea son muy divertidas, aunque las escenas de familia son las más conmovedoras… Una vida fascinante, contada por un cuentacuentos maestro.

BEAU WEAVER, SpokenWord.com

Un cuentacuentos de alto calibre.

L. J. WILLIAMSON, *LA Weekly*

Cómo ser padre en la era digital
de BILL RATNER
se terminó de imprimir y encuadernar en mayo de 2015
en Programas Educativos, S. A. de C.V.
Calzada Chabacano 65-A, Asturias DF-06850, México.